日経文庫
NIKKEI BUNKO

個人情報保護法の知識〈第5版〉

岡村久道

JN098058

日本経済新聞出版

はじめに

わが国の個人情報保護法は二〇二一年に抜本的に改正されました。一連のデジタル改革関連法に含まれるデジタル社会形成関係法律整備法に盛り込まれたものです。

この改正によって、従来は民間部門と公的部門に区分されていた個人情報保護法制が一本化され、条項なども全面的に刷新されました。これほど抜本的な改正は制定後初めてのものです。

実は、前回の本書改訂で対応した二〇一五年改正に続き、二〇二〇年にもこの法律は一部改正されています。しかし、その後における二〇二一年の改正によって全面的に変貌を遂げており、条文数だけを見ても倍増しています。そこで、今回の改訂では、二〇二一年改正に対応した内容に本書を書き改めました。もちろん二〇二〇年改正も反映しています。

この改正によって法制度が精緻化・複雑化し、さらに難解となったことも否定できませんが、家庭や企業で実際に使えるように、できる限りわかりやすい解説を心がけました。本書によって、最新の改正法について、その全体像をご理解いただけましたら幸いです。法改正の内容に加えて、施行令や施行規則などの内容も、必要に応じて盛り込んでいます。

今回の改訂に際しても、お世話になった方々全員のお名前をこの場に記載できないのが残念ですが、前回の改訂と同様に、この法律にかかわる多くの専門家の先生方や関係省庁、企業法務担当者の方々から貴重な助言をいただきました。改訂作業につき、今回も日経ＢＰ 日本経済新聞出版本部の小谷雅俊氏に大変お世話になりました。
以上の方々すべて、そして何よりも読者の皆様に、この場を借りて深くお礼申し上げます。

二〇二一年七月

岡村久道

個人情報保護法の知識〈第5版〉――――［目次］

第2章 個人情報保護法とは何か――39

5　従業者の監督　149

6　委託先の監督　160

7　第三者提供の制限　167

第10章 公的部門——行政機関等の義務等——238

プロローグ　初の抜本的改正を迎えて

わが国の個人情報保護法にとって、二〇二一年は歴史に刻まれる年となりました。制定から初めてとなる抜本的な改正が成立したからです（図表0－1）。

振り返れば、わが国の個人情報保護法制は二〇〇三年に制定されました。それによって、適用主体ごとに個人情報保護法、行政機関個人情報保護法（行個法）、そして独立行政法人等個人情報保護法（独個法）の三本の法律（保護三法）によるという基本的な枠組みがいったんは完成しました。他方で、地方公共団体が取り扱う個人情報の保護については、従来は別途、それぞれの地方公共団体が個別に制定した個人情報保護条例に委ねられてきました。

それから今回の改正に至るまで約一八年という期間が経過しました。制定時に生まれた子どもが高校を卒業するほどの長い歳月です。その間に情報処理技術（ＩＴ）や情報通信技術（ＩＣＴ）が、急速かつ目覚ましく進歩しており、それは現在も加速しています。

年改正の概要

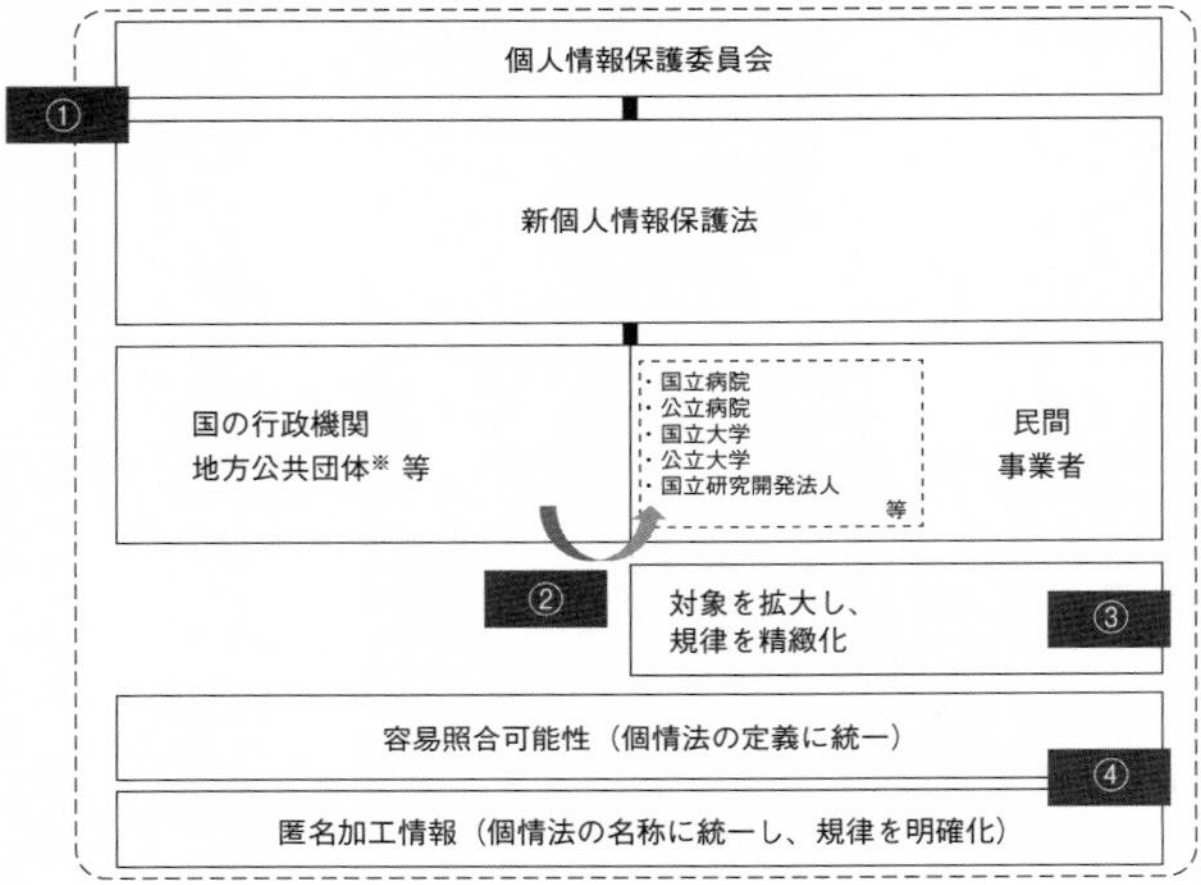

※ 条例による必要最小限の独自の保護措置を許容

今回の改正で、この枠組みが初めて抜本的に見直され、保護三法すべてが個人情報保護法に統合・一本化されました。統合後の個人情報保護法では地方公共団体についても全国的な共通ルールを定めています。これら全体の所管も個人情報保護委員会に一元化されました。

以上の点は、図表０－１の①に対応していますが、それに関連して、他にも改正された点があります。主要なものは次のとおりです（番号は図表に対応）。

② 医療分野・学術分野の規制を統一するため、国公立の病院、大学をはじめとした学術研究機関には原則として民間の病院、学術研究機関等と同等の規律を適用。

③ 学術研究分野を含めたＧＤＰＲ（ＥＵ

図表0－1　2021

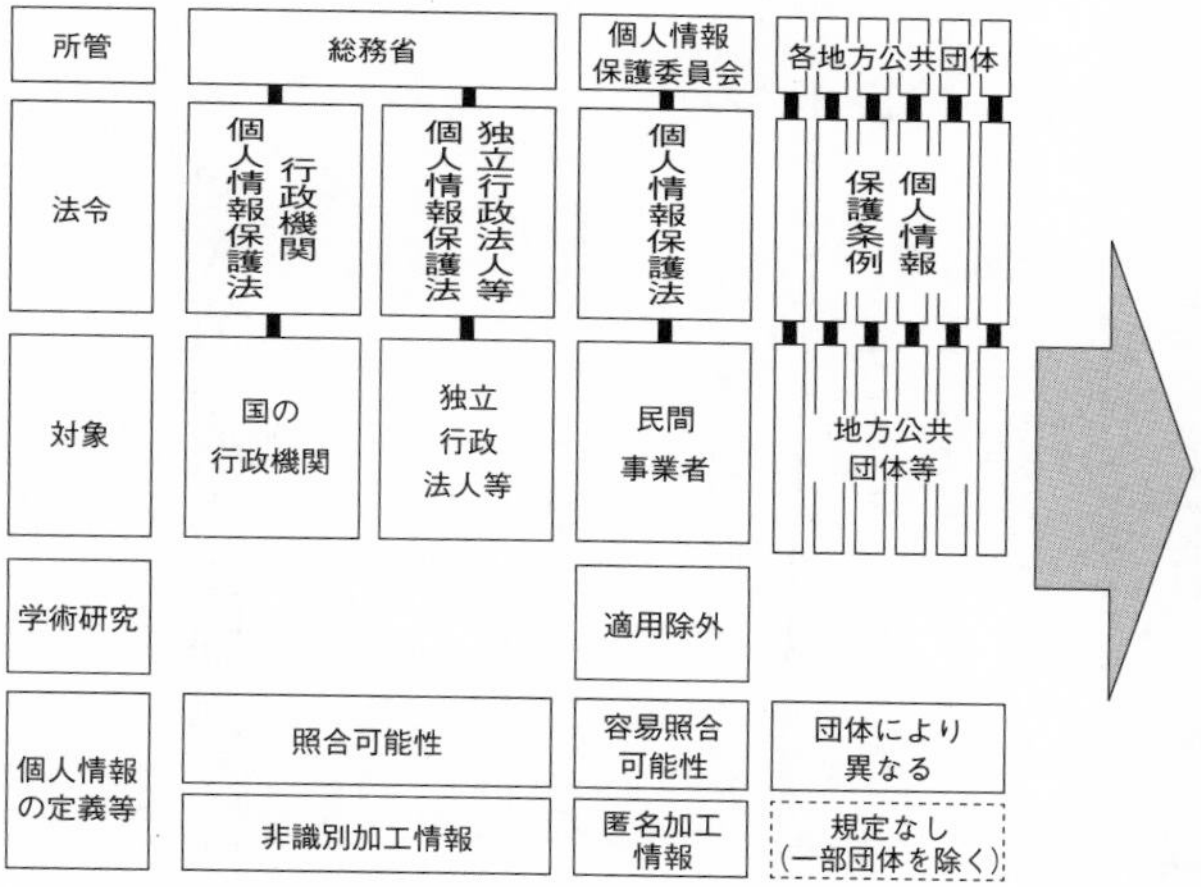

（出所）　内閣官房資料

一般データ保護規則）の十分性認定への対応を目指し、学術研究に係る適用除外規定について、一律の適用除外ではなく、義務ごとの例外規定として精緻化。

④　個人情報の定義等を国・民間・地方で統一するとともに、行政機関等での匿名加工情報の取扱いに関する規律を明確化。

これまでも保護三法は改正されていますが、今回は初の抜本的な改正となりました。これによって、個人情報保護法の内容が、さらに精緻化・複雑化したことも否定できません。

そこで、本書では、この改正内容をすべて盛り込み、できる限りわかりやすく、この改正された法律の全容を解説します。

第1章　個人情報保護法制のあゆみ

1　なぜ個人情報保護法が必要となったのか

現代のようなデジタル社会では、なぜ個人情報の保護が必要となるのでしょうか。そして、個人情報保護法とは、どのような性格の法律なのでしょうか。

現代社会は、ＩＴとＩＣＴによる情報の処理と流通に大きく依存しており、それはいまや欠くことができない社会基盤となっています。たとえば、クレジットカードや、スマホの決済アプリがあれば、外出の際に現金の代わりになります。交通系ＩＣカードが一枚あれば、ほぼ全国どこでも、どの会社の路線でも乗車できますし、駅ナカ店舗で買い物や飲食もできます。

こうしたサービスの背後では、あなたの個人情報を含めて、膨大かつ多様なデジタル情報が、

ICTを介して店舗や金融機関などの間で瞬時に飛び交い、ITで情報処理されています。

このようなIT・ICTの飛躍的な発達によって、さまざまな大量のデータを収集・蓄積して分析、利活用することが可能になっています。それによって新たな産業の創出や、活力ある経済社会と豊かな国民生活の実現に資することが期待されます。行政サービスも国民の利便性向上を目指しており、健康保険証などマイナンバーを軸にデジタル化されつつあります。

このように、個人の生活や社会全般にとって個人情報は「有用」な存在です。個人情報保護法の冒頭に置かれた一条も、これを「個人情報の有用性に配慮」と表現しています。

その半面、本人も知らないうちに膨大な個人情報が収集・蓄積され、予想外の目的で使用・提供され、不正漏えい・改ざん・悪用されるなど、個人の権利や利益が侵害されるおそれが増加していることも否定できない事実です。実際に、現在では個人情報の大量漏えい事件が頻発し、それによる二次被害を危ぶむ声も聞かれます。不正確な内容の個人情報が利用されることによるトラブルや、「カモリスト」の悪用など、深刻な消費者被害も発生しています。

個人情報保護法は、デジタル社会における個人情報の利用がもたらす「有用性」という〝光〟の側面に配慮しつつ、それにともなう〝陰〟の側面、つまり個人情報の不適正な取扱いによってさまざまな不利益（権利利益の侵害）が生じることを未然に防止するために、個人情報を取り扱う際に守るべき適正なルールを定めようとする法律です。

このような趣旨から、この法律は一条で、デジタル社会の進展にともなう個人情報の著しい利用の拡大に鑑み、個人情報の適正な取扱いに関する義務を定めることなどによって、個人情報の有用性に配慮しつつ、個人の権利利益を保護することを、この法律の目的としています。

最初に、この法律の制定から今回の改正に至る背景となった、さまざまな要因を説明します。

2 プライバシー権（マスメディアプライバシー）の登場

今日ではほとんどの先進国が、わが国と同様に個人情報保護に関する法制度を整備しています。わが国の法制度もこうした国際的潮流を踏まえています。

そうした潮流には、IT・ICTの普及によるプライバシー権の概念に対する考え方の変化が大きな影響を与えています。前述した「個人の権利利益」という言葉も、主なものはプライバシー権であると考えられています。そこで最初に、個人情報保護法を理解するために必要な基礎知識として、プライバシーに関する考え方の変遷について簡潔に振り返っておきます。

伝統的なプライバシー権は、一九世紀末の米国を舞台に誕生しました。当時はマスメディアが急速に発展を遂げ、販売拡大競争の中で、ゴシップ紙が読者の好奇心に訴えるため有名人の私生活を暴露するといった事件が多発しました。これに対抗するために、「一人で放っておいてもらう権利」として提唱されたものがプライバシー権でした。

その後、米国では次第に権利として確立されていきました。主としてマスメディアを相手取った問題だったため、これを「マスメディアプライバシー」と呼ぶことができます。マスメディアプライバシーの考え方は、わが国にも受け継がれました。三島由紀夫執筆のモデル小説『宴のあと』事件で、東京地裁が一九六四年九月二八日、「私生活をみだりに公開されないという法的保障ないし権利」としてこの権利を実質的に承認して、急速に世間の注目を集めました。現在では日本の最高裁判所もこの権利を認めています。

ところが、こうした伝統的なプライバシーの内容は、その後に訪れたコンピュータの普及によって大きな変化を迎えます。

3　コンピュータプライバシーと個人情報保護法制

欧米ではコンピュータとの関連でプライバシーが議論される際、「ビッグ・ブラザー」という言葉がよく引き合いに出されてきました。「ビッグ・ブラザー」とは、英国の作家ジョージ・オーウェルが執筆した名作ＳＦ小説『一九八四年』の登場人物です。至る所に張りめぐらされた街頭カメラなどによる監視網を利用して、「すべてを見、すべてを聞き、すべてを知る」という近未来社会における架空の独裁者として描かれています。

執筆時期が第二次世界大戦終了直後の一九四八年であることにも示されているとおり、この小説は今日のようなデジタル社会そのものをテーマにしたものではありません。むしろ、ヒトラー亡き後における独裁者の象徴として、東西冷戦のもとで、当時のソビエト連邦を支配していたスターリンの深く暗い陰がつきまとっています。

しかし、この小説には同時に、個人情報を一元的に握った政府や組織の手で、個人の権利や自由が屈従を強いられる管理社会の到来に対する危機感が示されていることも事実です。

二〇世紀後半になると、先進国では社会福祉国家化の進展にともない行政権が肥大化して、政府に大量の情報が集中する一方で、コンピュータが普及しはじめました。それによって、この小説が予言していたかのように、本人も知らないうちに膨大な個人情報が収集・蓄積されるようになり、「データバンク社会」が訪れることに対する危機感が抱かれはじめました。巨大なホストコンピュータを用いて個人情報を一元的に握った政府などによって、「ビッグ・ブラザー」の世界に描かれたような監視社会・管理社会が到来するのではないかという不安です。

こうした背景から、米国ではプライバシー権を新たに「自己情報コントロール権」として再構成する「情報プライバシー権説」が提唱され、わが国にも大きな影響を与えました。これを「マスメディアプライバシーからコンピュータプライバシーへ」ということができます。

米国では連邦政府が保有するコンピュータ登録データを対象としたプライバシー法が一九七四年に成立しましたが、民間部門を対象とする包括的な連邦法は制定されませんでした。

西欧諸国でも、同様の背景により、一九七〇年代から個人情報保護法の制定が相次ぎました。国勢調査データなどが個人情報の集中管理をもたらすのではないかという危機感を背景に、こうした個人情報の集中管理を法規制する必要があると考えられたのです。

前述した米国流のプライバシーは個人の権利として確立されています。権利を侵された個人は、出版差し止めや損害賠償などを求めて加害者を提訴できるというものです。

これに対し、西欧諸国を中心とする個人情報保護法制は、個人情報を取り扱う者が遵守しなければならないルールを定めるという性格が基本です。ルール違反者に対して行政から是正命令などが行われるという仕組みであり、前述した意味のプライバシーと密接に関連しますが、後述のとおり、一応、別個独立の制度です。ただし、法制中に本人の諸権利が規定されているほか、別途、個人の権利である「人格権」の一環としても、西欧諸国では保護されてきました。

4　OECDプライバシーガイドラインの採択

一九七〇年代に西欧諸国が相次いで制定した個人情報保護法の多くは、公的部門だけでなく民間部門を含めた官民双方を包括的に規制対象としていました。

ところが、具体的な規制内容が各国の法律ごとに異なっていました。そのため、規制を受ける米国の巨大な多国籍企業から見ると、事業活動に利用する個人情報の国際的な流通に対して、大きな阻害要因となると考えられるようになりました。

こうした利害対立がOECD（経済協力開発機構）に持ち込まれて協議された結果、一九八〇年に「プライバシー保護と個人データの国際流通についてのガイドラインに関するOECD理事会勧告」が採択されました。前述の利害対立を反映するかのように、勧告ではプライバシーと情報の自由な流通という競合する価値の調和が強調されています。

この勧告の付属文書「OECDプライバシーガイドライン」の中でうたわれた「OECD八原則」は、現在でも先進国における個人情報保護法制のスタンダードとなっています。

5　行政機関保有電子計算機処理個人情報保護法の制定

話をわが国に戻します。OECD加盟国の日本でも、OECD理事会勧告が採択される前から、多くの地方公共団体でコンピュータの導入が進められていました。それにともない、一九七〇年代前半から、各地の地方公共団体で「電算条例」の制定が進められてきました。この勧告の影響のもとに、一九八〇年代に入ると「個人情報保護条例」として発展を遂げます。

現在では、すべての都道府県・市区町村が個人情報保護条例の制定を完了しています。

ところで、この勧告は、加盟各国の国内法でOECD八原則を考慮するよう求めていました。そのため、わが国では、国レベルでも個人情報保護法の制定に向けた機運が高まりました。その結果、一九八八年には、国の行政機関を対象とする行政機関保有電子計算機処理個人情報保護法（旧行個法）が制定されます。この法律名が示すとおり、もっぱら国の行政機関が保有するコンピュータ処理情報を対象としていました。

6　EU個人データ保護指令

日本の個人情報保護法制には、国の行政機関を包括的に対象とする旧行個法がありましたが、二〇〇三年に個人情報保護法が制定されるまで、民間部門を対象とする包括的な法律はなく、自主規制に委ねられていました。これを「セグメント（分離）方式」といいます。

米国も、民間部門を対象とした包括法を制定していませんが、特定の個別分野に限定した個別法を複数制定しているため、「セクトラル（個別分野別）方式」と呼ばれてきました。この方式に対し、パッチワークのように規制内容が統一性を欠くという短所が指摘されてきました。

これに対し、ＥＵ（欧州連合）は、ＥＵ統合が進行中の一九九五年に「個人データ保護指令」（ＥＵ指令）を制定しました。ＥＵ域内各国に対し、指令に適合するように三年内に官民双方を包括対象とする個人情報保護のための国内法の整備を求めるものでした。この官民共通の包括法方式は「オムニバス（統合）方式」と呼ばれています。

それと同時に、ＥＵ指令は、ＥＵ域外の第三国への個人情報の移転は当該第三国が十分なレベルの保護措置を講じていると認められる場合に限ると定めていました。「十分性認定」と呼ばれています。このため、当時、民間部門を対象とする包括的な法律がない日米では、指令にいう第三国として対応が求められました。

米国政府はＥＵと協議して、独自の自主規制システム「セーフハーバー協定」を結びました。この協定に従った米国企業はＥＵ指令の「十分性認定」を満たすというものです。しかし、わが国ではＥＵ指令に対応するための民間部門向けの協定化も法制化も進みませんでした。

7　個人情報保護法が制定された背景

転機は一九九九年に訪れました。この年の五月、京都府の宇治市役所から住民基本台帳データ約二〇万人分が不正漏えいするという事件が発覚します。漏えいデータは、名簿業者がダイレクトメール（ＤＭ）用に結婚相談業者や婚礼衣装業者などにネット販売していました。

この事件が発覚した直後の翌六月、わが国では、当時の小渕恵三内閣が、民間部門を含めた個人情報保護に関する基本法制の制定構想を打ち出しました。

その遠因として、これまで述べてきたプライバシーの権利概念の変化、そしてＯＥＣＤ理事会勧告やＥＵ個人データ保護指令に対応する必要があったという事実を指摘することができます。しかし、直接の契機は、この事件など大量漏えい事件の頻発が社会問題化していたことに加え、政府が当時計画していた住民基本台帳ネットワークシステム（住基ネット）の導入でした。

住基ネットは、地方自治体が管理する住民基本台帳を電子データ化してネットで結ぶ計画でした。このため、民間部門への流出事故が発生した場合、民間部門を規制すべき個人情報保護法が未制定のままでは対応できないという点が懸念されたのです（図表1-1）。そのため、民間部門を対象とする個人情報保護法の立法化が、住基ネット導入の条件とされました。

これを受けて、その立法化に向けた検討作業が進められました。

紆余曲折の末、二〇〇三年五月、関連法案とともに国会で可決成立しました。同時に旧行個法も全面改正され、新しい行個法へと衣替えしました。当時における独立行政法人化の波に対応するため、独個法も制定されました。こうして出そろった保護三法は、二〇〇五年四月に全面施行されました。ＯＥＣＤ理事会勧告の採択から、すでに約四半世紀が経過していました。

図表1－1　個人情報保護法制の制定・改正の背景

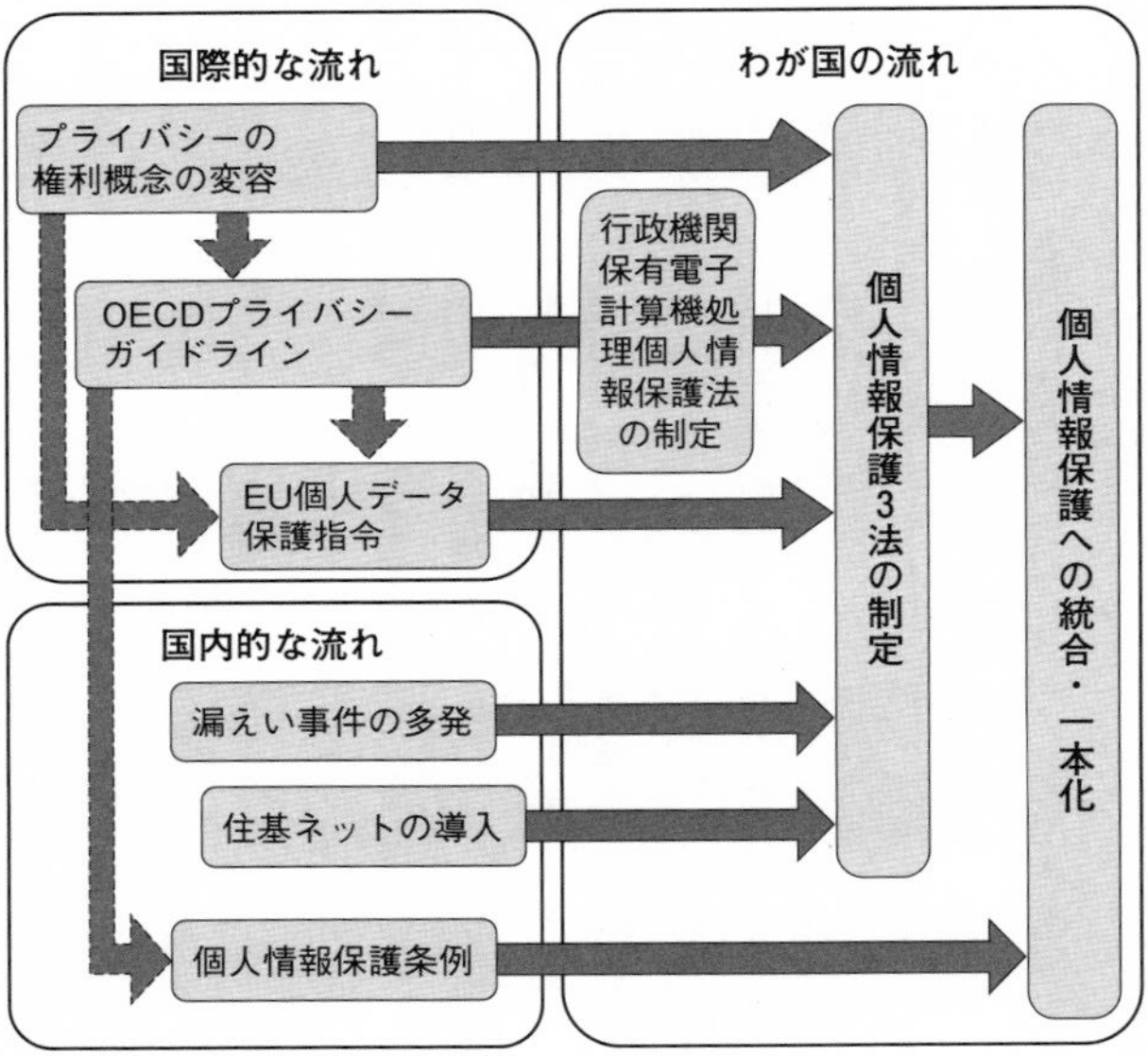

8　住基ネット最高裁判決とマイナンバー法の制定

保護三法と引き換えに導入された住基ネットに対し、各地で違憲訴訟が提起されました。最高裁判所で合憲とする判決が二〇〇八年三月六日に言い渡され、最終決着しました。

この最高裁判決は、何人も個人に関する情報をみだりに第三者に開示または公表されない自由を有するとしたうえ、合憲とするために必要な、さまざまな要件を示しています。

要件とは、①個人情報を一元的に管理することができる機関または主体が存在しないこと、②管理・利用等が法令等の根拠に基づき正当な行政目的の範囲内で行われるものであること、③システム上、情報が容易に漏えいする具体的な危険がないこと、④目的外利用または秘密の漏えい等は、懲戒処分または刑罰をもって禁止されていること、⑤第三者機関等の設置により、個人情報の適切な取扱いを担保するための制度的措置を講じていることなどの点です。

その後、わが国は二〇一三年にマイナンバー法（番号利用法）を制定しました。日本の住民票を有する者全員に一二桁の固有のマイナンバー（個人番号）を割り当て、マイナンバーでひもづけた個人情報を「特定個人情報」と位置付けます。そして、税と社会保障の領域を中心に、住民基本台帳カードを改良した個人番号カードなどで本人確認をして、行政機関などの間で情報連携しようという制度です。

マイナンバー法には、住基ネット最高裁判決を踏まえて、より厳格な個人情報保護の仕組みが導入されました。そのため保護三法の特則として位置付けられます。マイナンバー法に定めがない事項には、原則に戻って保護三法が保有主体に応じて適用される仕組みでした。

9　制定後の個人情報を取り巻く国際環境の変化

個人情報保護法は二〇一五年、そして二〇二〇年にも一部改正されました。その背景となった、制定後における個人情報を取り巻く国際環境の変化を、ここで簡潔に整理しておきます。

わが国で保護三法が制定された後も、ＩＴ・ＩＣＴが飛躍的な発達を遂げており、しかもそれは加速しています。それによって個人情報のグローバルな流通も増加し、位置情報など多様な個人情報が大量に蓄積・統合・解析されるビッグデータの時代が到来しています。

こうした状況の変化を背景に、ＯＥＣＤプライバシーガイドラインが、採択から三〇数年を経た二〇一三年に改正されました。ただしＯＥＣＤ八原則そのものは変更されていません。

ＥＵでは二〇〇九年に発生したギリシャ危機を契機に大型金融危機への懸念が高まったため、いったんはＥＵ域内経済の再建に軸足が移り、個人データ保護の優先順位が低下しました。

そうしたなか、スノーデン事件が二〇一三年に発生しました。米国の国家安全保障局が全世界で各国の個人も対象に含めてインターネットや電話回線の傍受などの手段で秘密裏に情報収集していることを、当時職員であったスノーデンが暴露、内部告発したという事件でした。

この事件に態度を硬化させたＥＵでは、個人データ保護強化派が勢いを得て、セーフハーバー協定に対する批判が強まりました。ＥＵ司法裁判所は、二〇一五年、この協定がＥＵ指令に違反して無効であるという判決（シュレムスＩ判決）を下しました。この事件で問題となった米国の国家安全保障分野などが、協定の枠外に置かれていることを理由とするものでした。

この判決を受けて、米国はＥＵと新たな個人データ移転協定「プライバシーシールド」を二〇一六年に締結します。

ＥＵでは、スノーデン事件が保護強化への追い風となったこともあって、ＩＣＴの発展に対処すべく、同年、従来の保護指令を厳格化した一般データ保護規則（ＧＤＰＲ）を採択しました。ＧＤＰＲは「十分性認定」など保護指令の内容を引き継ぎつつ、いわゆる「忘れられる権利」を明文化するなど、さらに厳格な保護を図っています。保護指令に基づき制定されたＥＵ加盟各国の国内法の内容にバラつきが発生したことへの反省から、ＧＤＰＲは適用対象諸国に直接適用される規則としています。二〇一八年に発効しました。その適用対象国は、ＥＵ加盟各国にアイスランド、リヒテンシュタイン、ノルウェーを加えた欧州経済領域（ＥＥＡ）参加国です。

二〇一七年になると、ケンブリッジ・アナリティカ事件が発覚しました。この選挙コンサルタント企業に対し、フェイスブック社が収集した膨大なユーザー情報が流れ、二〇一六年に実施された英国のＥＵ離脱国民投票や米国大統領選挙活動に悪用されたという疑惑が浮上しました。有権者にマイクロターゲティング広告を流して、顧客陣営の選挙戦が有利になるよう心理操作を試みたというのです。それが事実なら、民主主義を支える自由な情報流通を基盤とした「思想の自由市場」が、個人情報の不正利用によって根底から揺るがされかねません。

この両事件の余波が残る二〇二〇年七月、今度はプライバシーシールド協定についてEU司法裁判所が無効判断を示しました（シュレムスⅡ判決）。この協定で設けられたオンブズパーソン制度などには法的強制力がないので、EUと同等の保護水準が確保されていないとしたのです。

このように欧米間で個人情報をめぐって軋轢が高まる一方、米国内でもカリフォルニア州、ネバダ州をはじめ複数の州で個人情報保護のための州法が相次いで制定・施行されており、バイデン大統領政権における米国政府の動向が注目されています。

他にも、世界的なコロナ禍のもとで個人の行動追跡が問題となる一方、個人情報に加え重要情報の「データローカライゼーション」（国内囲い込み）を図る法制度が中国で制定され、他の途上国でも追随する動きが見られています。さらに、中国も域外移転制限・国内保存義務などを盛り込んだ個人情報保護法の制定に向けて舵を切るなど、動きは急を告げています。

以上のように現在も先行き不透明な状態が続いています。こうした動向の背後には、巨大IT企業の動向を含めたデータ貿易戦争ともいうべき国際競争力の維持・強化、国家安全保障を主軸とする国際政治など、人権問題だけでは割り切れない複雑な思惑がからみ合っています。

とはいえ、ICTの飛躍的な発展がもたらしたボーダレスなオンラインプライバシー時代の本格化を背景として、個人情報保護の国際的潮流が強化傾向にあることは事実です。ユーザーの精巧な人格モデル分析を可能にする本格的なＡＩ（人工知能）時代の到来も間近に迫っています。

10　個人情報保護法制の二〇二一年抜本的改正

そうした制定以降に生じた急速な状況の変化に対応するため、わが国の個人情報保護法制は、二度にわたって比較的大きな改正を経てきましたが、なおも「保護三法プラス各地方公共団体の条例」という基本的な枠組み自体は維持されたままでした。

こうしたなか、プロローグでも述べたとおり、二〇二一年に抜本的改正が成立しました。これによって、保護三法を個人情報保護法に統合・一本化するとともに（行個法・独個法は廃止）、地方公共団体の個人情報保護制度についても、統合後の個人情報保護法で全国的な共通ルールを規定したうえ、全体の所管も個人情報保護委員会に一元化されました。ＥＵのようなオムニバス（統合）方式に向けて舵を切ったことになります。

最近のわが国は先進国の中でデジタル化の波に乗り遅れており、そうした状況を〝デジタル敗戦〟〝データ負け〟と呼んで自嘲する声もあります。こうした劣勢を挽回するため、新たにデジタル社会形成基本法とデジタル庁設置法が二〇二一年に制定されました。それにともない、同時に成立したデジタル社会形成関係法律整備法によって、今回の抜本的改正が行われました。

改正の具体的な背景事情として、①デジタル庁の新設で、公的部門のデジタル業務改革を強力に推進することにともない、公的部門で取り扱うデータの質的・量的な増大に備えて、独立した規制機関である個人情報保護委員会が、公的部門を含めて個人情報の取扱いを一元的に監視監督する体制の確立を要すること、②情報化の進展や個人情報の有用性の高まりのなか、官民や地域の枠を超えたデータ利活用の活発化にともないデータ利活用の支障となる現行法制の不均衡・不整合の是正を要すること、③越境データ流通の増加を踏まえ、GDPR十分性認定への対応など国際的な制度調和を図る必要性が一層向上していることが指摘されています。

この改正には、プロローグでも触れたように、他にもさまざまな点が盛り込まれています。いずれにせよ、そこではパーソナルデータの利活用促進と、個人情報保護の強化の国際的潮流という相矛盾しそうな要請を調和させるという困難な舵取りを大胆に進めることが、重要な課題となっています。

以上の経緯で抜本的に改正され、複雑化した新たな個人情報保護法を理解するために、次に具体的な内容の説明に入ります。条項の番号と内容はすべて二〇二一年の改正法のものです。

第2章　個人情報保護法とは何か

1　個人情報保護法の目的

(1)「個人情報の有用性」に配慮しつつ「個人の権利利益」を保護

個人情報保護法は、デジタル社会の進展にともない、「個人情報の有用性」に配慮しつつ、個人情報の不適切な取扱いによってさまざまな「個人の権利利益」が侵害されることを未然に防止するために、個人情報を取り扱う際に守るべき適正なルールなどを定める法律です（一条）。

背景として、従来の「高度情報通信社会」に代えて「デジタル社会」という言葉が二〇二一年の改正で導入されました。これは、インターネットその他の高度情報通信ネットワークを通じて自由で安全に多様な情報・知識を世界的規模で入手、共有、発信するとともに、先端的技術など情報通信技術を用いて多様で大量の情報を適正・効果的に活用することにより、あらゆる分野で創造的で活力ある発展が可能となる社会のことです（デジタル社会形成基本法二条）。

ところで、個人情報保護法という名称を聞いて、「個人情報そのもの」を保護することを目的とする法律であると誤解している人も一部に見受けられます。しかし、法律の目的を定めた一条は、あくまでも「個人の権利利益」の保護が目的であることを明記しています。

他方で、「個人の権利利益」の保護と聞いて、個人情報の漏えい事故が発生したような場合に、被害者が加害者に対して損害賠償を請求するための法律であると「早とちり」する人がいるかもしれません。しかし、この法律には損害賠償に関する規定はありません。個人情報の漏えい事故などに対して、被害者本人が事後的に損害賠償責任を追及するための法律ではないからです。

個人の権利利益の保護は、「個人情報の有用性」に配慮しつつ行われるものとされています。これが、この法律が目指すもう一つの目的であるということができます。

「個人情報の有用性」に関する例示として、二〇二一年改正で「行政機関等の事務及び事業の適正かつ円滑な運営を図」るという文言が付加されました。保護三法の統合・一本化にともない、これまで行個法・独個法の目的規定に記載していた文言を輸入・併合したものです。

(2) 個人情報を取り扱う際における〝交通ルール〟の役割

個人情報保護法は、いわば個人情報を取り扱う際の〝交通ルール〟を定めるものです。それによって個人情報の利活用を推進しつつ、「個人の権利利益」を侵害するおそれがある〝事故〟の発生を予防しようとしているのです。

〝事故〟と聞くと、交通事故を思い浮かべる人が多いはずです。現代社会では、クルマをはじめとする交通手段はなくてはならない有用な存在です。しかし、不幸にして交通事故が発生してしまった場合、被害者は生命その他の権利や利益を侵害されます。交通事故の加害者は、刑事責任を負うだけでなく、民法などにより、被害者に対して損害賠償責任を負います。

確かに、そうした事後的な責任追及方法について法整備を行うことは必要です。しかし、交通事故の発生により権利などが侵害されることを未然に防止するための法制度を設けることも他方では重要です。こうした目的から、制限速度などクルマの通行方法その他の交通ルールを定めている法律が道路交通法です。違反者に対して運転免許の取消し、停止などの行政処分を行うことによって、その実効性を確保しようとしています。

クルマと同じように、現代のデジタル社会では個人情報の取扱いも有用かつ不可欠です。このため、個人情報保護法一条は「個人情報の有用性」に配慮すべきことを定めているのです。

その半面、不適切な取扱いによって漏えいなどの〝事故〟が発生する可能性があり、それによって多様な「個人の権利利益」が侵害されるおそれがある点でも、両者は似ています。

プライバシーを侵害した場合には、交通事故の場合と同じように、民法に基づき被害者本人に対して損害賠償責任などを負います。個人の名誉をき損したような場合には、こうした民事責任だけでなく刑事責任も追及されます。

このような事後的な責任追及方法とは別個独立の法制度として、個人情報保護法は、道路交通法の役割と同様に、個人情報を取り扱う際のルールを定めることによって、本人の権利利益が侵害されることを未然に防止する役割を営む法律であると位置付けることができます。

デジタル社会では、いったん流出した個人情報を回収することは困難なので、事後的な責任追及だけでなく、事前規制による予防措置が重要な役割を果たすからです。個人情報の適正な取扱方法を定めた〝交通ルール〟であると述べたのは、こうした意味なのです。

(3) プライバシー権との関係

ところで、不適正な個人情報の取扱いによって侵害されるおそれのあるものは、主としてプライバシー権です。特に第3章2節で後述する「要配慮個人情報」(二条三項)は、ほぼプライバシー情報そのものだということもできます。

しかし、プライバシー権という言葉には多様な意味があり、人工妊娠中絶などに関する自己決定権のように、個人情報保護制度と無関係なものも含むという見解も唱えられています。

「自己情報コントロール権」という言葉を使えば、もう少しこの法律の趣旨に合うかもしれません。とはいっても、プライバシー権だけでなく自己情報コントロール権の概念は、必ずしも確立されておらず、不明確さが残されていることも事実です。それらの権利概念を持ち出すことなく、別の立法によって個人情報の保護を図ることも十分に可能なはずです。

それに加えて、この法律で保護されるべき権利利益として、他にもさまざまなものが想定されます。現に、別人を破産者と間違えた信用情報を流して名誉き損に問われた事件、漏えいカード情報が悪用されて財産的損害を受けた事件なども裁判沙汰になっています。フィッシング詐欺で流出したパスワードを冒用したネットバンキングの不正送金や、カモリストによる特殊詐欺など消費者被害も深刻です。かつて社会問題化した〝消えた年金記録〟や〝日本年金機構の漏えい事件〟もその例です。したがって、法文上で網羅的に特定することが困難です。

この法律が、保護すべき権利などの具体的内容を法文に明記することなく、「個人の権利利益」という抽象的な表現にとどめたのは、以上のような理由からです。

いずれにしても、この法律は、プライバシーと深い関係にありつつ、それと一応は別個独立の法制度です。この法律で個人情報として保護される範囲とプライバシー情報の範囲も、第3章1節⑾で詳しく述べるとおり、必ずしも同一とはいえません。

しかし、両者は大きくオーバーラップしています。このため、不適切な取扱いで漏えい事故を発生させたときは、プライバシー侵害を理由に本人に対する損害賠償責任を負う一方、この法律違反として個人情報保護委員会の行政処分を受けるという二重の法的責任を問われます。

2　個人情報保護法の概要

(1)　法律の全体構成――基本法部分と一般法部分

個人情報保護法は、二〇二一年の抜本的改正によって、制定時から大きく姿を変え、最終的には全八章、計一八五カ条という大規模な構成になりました（図表2－1）。改正前とくらべて条項数そのものがほぼ倍増しています。複雑なので先に全体像を解説しておきます。

改正前は、性格の異なる二つの部分から成り立つ複合的で変則的な法律でした。個人情報の保護に関する官民共通の基本理念などを定めた「基本法」の部分と、主として民間部門に対する一般法としての性格を持った「一般法」の部分に分けられていたからです。公的部門の一般法として行個法・独個法という別の法律が適用されるという変則的な構成でした。

「基本法」とは国政の重要分野に関する施策の基本的な理念・方針を明らかにして推進体制などを定める法律です。これに対し「一般法」とは具体的な権利・義務を定める法律です。

今回の改正後も、この法律の第一章から第三章までの規定が官民共通の「基本法」を定めた部

図表２－１　個人情報保護法（2021年改正後）の構成

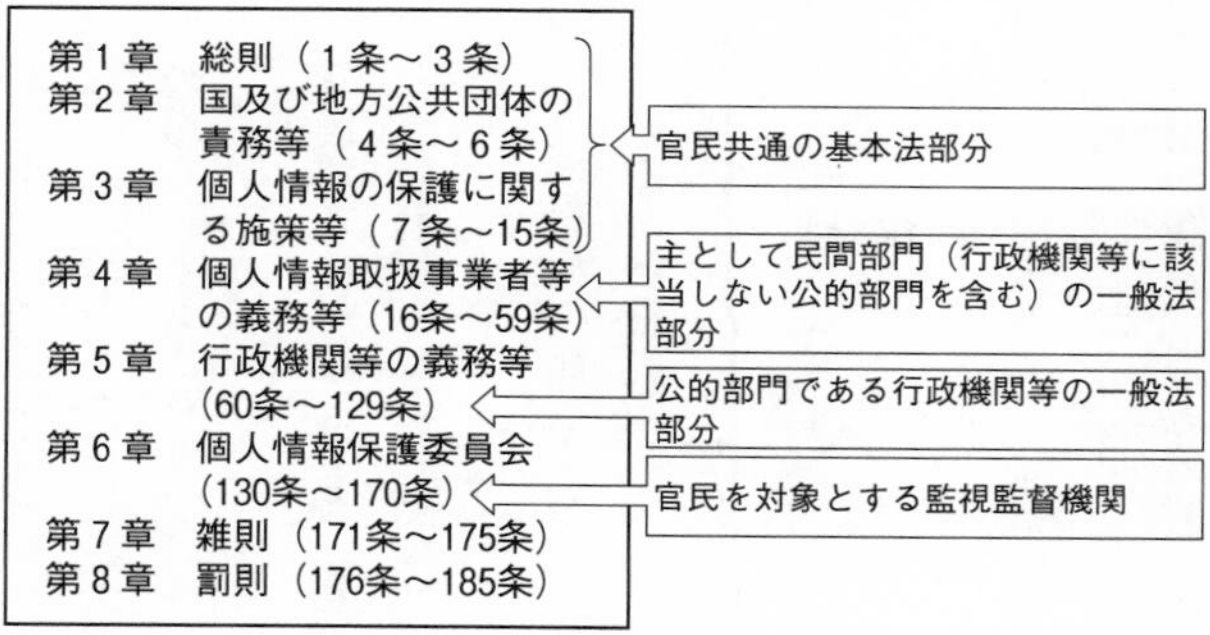

分であることに違いはありません。現にこの部分の各条項は改正前とほぼ同じです。

これに対し、一般法については行個法・独個法が廃止されて個人情報保護法に一本化されました。それにともない、第四章「個人情報取扱事業者等の義務等」（一六条～五九条）に続き（内容も一部改正）、第五章「行政機関等の義務等」（六〇条～一二九条）が新設されました。

それらの表題が示すように、主として、第四章が民間部門に適用される一般法、第五章が公的部門に適用される一般法という位置付けです。官民双方を対象に、基本法だけでなく、一般法も一本の法律に統合した点で、ＥＵ同様のオムニバス（統合）方式に近づきました。

この両章の後に、官民双方に関する一元的な監視監督機関となった「個人情報保護委員会」に関する第六章（一三〇条～一七〇条）が置かれています。さらに第七章「雑則」（一七一条～一七五条）と第八章「罰則」（一七六条〜一八五条）が続きます。

ただし、第六章の中には、この委員会の組織・権限を定めた条項が入っているなど、一般法的な色彩のある条項もありますので、前記の区分は「一応のもの」にとどまります。

(2) 官民双方を対象とする「基本法」部分

官民双方に適用される「基本法」の部分（一条〜一五条）には、目的のほか、定義、基本理念を定めた第一章「総則」（一条〜三条）に続き、第三章までの規定が置かれています。

先に、交通事故の発生を未然に防止するため車両の通行方法その他の交通ルールを道路交通法が定めていることを説明しました。しかし、事故の発生をできる限り防止するためには、単に交通ルールを定めるだけでは不十分です。教育・啓発、調査研究、民間の組織活動の促進など総合的な施策を講じることによってはじめて、本当の意味で実効性が図られます。

同様の見地から、この法律の第二章「国及び地方公共団体の責務等」（四条〜六条）でも、そうした施策を講じるための仕組みが用意されています。この法律の趣旨にのっとり、国と地方公共団体が個人情報の適正な取扱いの確保に必要な施策を策定・実施すると定めるものです。

とはいえ、国と地方公共団体では立場が異なりますので、担当範囲と役割を分けています。

国は「国の機関、地方公共団体の機関、独立行政法人等、地方独立行政法人及び事業者等」を広く対象として「総合的に」です（四条）。これに対し、地方公共団体は当該地方の「地方公共団体の機関、地方独立行政法人及び当該区域内の事業者等」を対象として「国の施策との整合性に配慮しつつ、その地方公共団体の区域の特性に応じて」です（五条）。

このうち国の責務を具体化する規定の一つとして六条が置かれています。個人情報の性質や利用方法に照らして、適正な取扱いの厳格な実施を確保する必要がある個人情報について、法制上の措置などを講じることを定めています。さらに、国際的な枠組みへの協力を通じて、各国政府と共同して国際的に整合のとれた個人情報に係る制度を構築するために必要な措置を講ずべきことも、同条は定めています。グローバル化やＩＣＴの発展によるネット経由の越境データ移転の急増に対応するためです（他のグローバル化関連規定は第11章で解説）。

次に、第三章「個人情報の保護に関する施策等」（七条～一五条）は、第一節「個人情報の保護に関する基本方針」、第二節「国の施策」、第三節「地方公共団体の施策」、そして第四節「国及び地方公共団体の協力」に分かれます。第一節には七条だけが置かれ、政府が個人情報の保護に関する「基本方針」を閣議決定し（変更する場合も同じ）、首相が公表するとしています。六条と同様に国の責務（四条）を具体化する規定です。

もともと政府の基本方針は、この法律が監督機関について制定時に採用していた主務大臣制によって、分担管理のタテ割りによる弊害が発生することを避けるために、個人情報の保護に関する施策の総合的かつ一体的な推進を図ることを主な目的としていました。二〇一五年改正で民間部門の監督機関が主務大臣制から委員会へと移転・一元化されました（本章5節）。基本方針案の作成も委員会の役割になりました（七条三項）。そのため、政府の基本方針は、主務大臣制による弊害の発生回避という役割を終え、個人情報保護に関する政府の基本的な考え方を国民など全体に向けて示すものとなりました。この性格は二〇二一年改正で加速しています。

第二節は「国の施策」についての規定です。具体的には、①国の機関等が保有する個人情報の保護（八条）、②地方公共団体等への支援（九条）、③苦情処理のための措置（一〇条）、④個人情報の適正な取扱いを確保するための措置（一一条）を、それぞれ講じるとしています。これらの規定も四条（国の責務）を具体化するためのものです。二〇二一年改正で保護三法を個人情報保護法に統合・一本化したことにともない、①が新設され、④なども一部改正されました。

第三節「地方公共団体の施策」は、「地方公共団体の責務」（五条）を具体化する規定です。地方公共団体は、地方独立行政法人を含め自ら個人情報の保有者という側面と同時に、区域内の事業者や住民に関し施策を講ずべき地位という側面との両面を持っています。前者の側面を定める規定が一二条（地方公共団体の機関等が保有する個人情報の保護）です。主に後者の側面を定める規定が一三条（区域内の事業者等への支援）と一四条（苦情の処理のあっせん等）です。

最後に、第四節「国及び地方公共団体の協力」に置かれた一五条は、国と地方公共団体が、個人情報の保護に関する施策を講ずる際に相協力するものと定めています。
「基本法」部分には他に定義規定（二条）がありますが、その内容は各関連箇所で触れます。

(3) 官民それぞれを対象とする「一般法」部分

以上の「基本法」部分に続き、官民それぞれを対象とする「一般法」部分が置かれています。主として、民間部門に対する一般法が第四章「個人情報取扱事業者等の義務等」（一六条～五九条）、公的部門に対する一般法が第五章「行政機関等の義務等」（六〇条～一二九条）です。

公的部門の一般法である第五章の適用対象を、この法律は「行政機関等」と呼んでいます（二条一一項）。これには、二〇二一年改正前に行個法の対象であった国の行政機関と、独個法の対象であった独立行政法人等（一部除く）が該当します。「独立行政法人」に付け加えられた「等」には「別表第一」に記載された国立大学法人、日銀、日本年金機構なども含まれます。地方公共団体の機関（地方議会を除く）と地方独立行政法人（一部除く）も加えられています。これらを「行政機関等」と総称しています（図表2－2）。しかし、司法権と立法権（地方議会を含む）は、この法律の規制対象から除外されています。憲法が定める三権分立を踏まえたものです。

これらの章に続いて、官民双方を所管することになった「個人情報保護委員会」について定めた第六章などが置かれていることも前述しました。

図表2－2　行政機関等（2条11項）

号	行政機関等（2条11項）
1	行政機関
2	地方公共団体の機関（議会を除く）
3	独立行政法人等
4	地方独立行政法人

1 行政機関 ←

号	行政機関（2条8項）
1	法律に基づき内閣に置かれる機関（内閣府を除く）と内閣の所轄下に置かれる機関
2	内閣府、宮内庁および内閣府設置法49条1項・2項に規定する機関
3	国家行政組織法3条2項に規定する機関（5号の政令で定める機関が置かれる機関では、当該政令で定める機関を除く）
4	内閣府設置法39条・55条、宮内庁法16条2項の機関および内閣府設置法40条・56条（宮内庁法18条1項で準用する場合を含む）の特別の機関で、政令で定めるもの
5	国家行政組織法8条の2の施設等機関および同法8条の3の特別の機関で、政令で定めるもの
6	会計検査院

3 独立行政法人等 ← 独立行政法人通則法2条1項の独立行政法人および別表第一に掲げる法人をいう（2条9項）

4 地方独立行政法人 ← 地方独立行政法人法2条1項の地方独立行政法人をいう（2条10項）

(4) 官民の違いを反映した規定構造

改正によってEUのようなオムニバス（統合）方式に近づいたとはいえ、官民の性格上の違いを考えると、一般法として官民をまったく同一内容とすることにも無理があります。

というのも、民間部門には日本国憲法によって表現の自由など人権が保障されています。この人権保障と個人情報保護との間に緊張関係が生じることは否定できません。道路交通法の場合と違って、この法律が規制する対象は情報の取扱いであり、自由な情報流通に歯止めをかけるものだからです。まして、被害を未然

図表２－３　包括的適用除外を受けられる場合（57条１項）

号	対象者	目　的
1	報道機関（報道を業として行う個人を含む）	報道の用に供する目的
2	著述を業として行う者	著述の用に供する目的
3	宗教団体	宗教活動（これに付随する活動を含む）の用に供する目的
4	政治団体	政治活動（これに付随する活動を含む）の用に供する目的

に防止するため、広く個人情報の取扱い全般について事前抑制を加えようとする法律ですので、なおさら緊張関係が高まるおそれがあります。他の人権保障との関係でも同様です。

そこで、この法律は民間部門の表現の自由などとの関係を調整するため、義務に関し、個別的な適用除外条項だけでなく、包括的な適用除外条項（五七条）を置いています（図表２－３）。

また、これに該当する者に対して個人情報等を提供する行為については、個人情報保護委員会は権限を行使しないものとしています（一四九条・一六〇条）。そうしないと、せっかく包括的適用除外条項を置いた意味がなくなりかねないからです。たとえば、取材のための報道機関の活動が規制を受けないとしても、この法律に違反することを理由に取材先が取材に応じられないのでは、国民の知る権利に奉仕すべき適正な報道はできません。

これに対し、公的部門は人権保障を受ける立場ではなく、国民の人権を保障する立場です。

さらに、公的部門をひとくくりにすることも乱暴な議論です。

憲法は三権分立を定めており、この法律でも適用対象となる公的部門には司法権と立法権は含まれず、規制を受けるのは行政に限られています。行政は法治行政（法律による行政）の原理に従うべき立場にあります。国民の知る権利に奉仕して行政の透明化を図る情報公開法制、それを支える公文書管理法制との調和も求められます。

このように行政機関等については特有の性格があることを考えると、個人情報保護に関するルールも内容が異なって当然です。保護三法の一本化を図りつつ、第四章と違って、このような立場を反映してきた行個法・独個法の規定内容が、第五章では大枠として流用されています。

行政の中でも中央省庁と地方公共団体は立場が違います。憲法は地方自治を保障しているからです。ボーダレスな時代とはいえ、地方自治の本旨に照らし地方ごとに考慮すべき人権問題などの実情に応じた地域特性（五条）の適正な反映が求められます。この法律には条令で別に定めることを認める部分もありますが、委員会への届け出を要します（一六七条）。

(5) 官民を区別する理由に乏しい個別分野

その一方、設置主体が官か民かによって区別する実質的な理由に乏しいため、共通化を図るべき個別分野もあります。医療分野・学術研究分野です。二〇二一年改正で国公立の病院や大学などは、原則として私立（民間）の場合と同等の規制となりました。

医療分野については、次節と第4章2節(1)で詳しく解説することにして、ここでは学術研究機関の場合を解説します。二〇二一年改正前は、私立大学など民間部門に属する学術研究機関が学術研究目的で個人情報を取り扱う場合について、この法律が定める義務が包括的に除外されていました。これに対し、国公立大学や国立研究開発法人など公的部門に属する学術研究機関の場合には、義務の包括的適用除外の対象とされていないという不均衡・不整合がありました。

しかし、学問の自由や大学の自治という点で官民に本質的な違いはなく、区別に合理性はありません。このように官民の学術研究機関でルールが異なっていたため、実際にも官民の間で学術研究のための個人情報のやりとりや、共同研究にも支障が生じていました。

それを解消するため、この改正によってルールが原則的に共通化されました。国公立大学など、官民を問わず大学その他の学術研究を目的とする機関・団体やそれらに属する者を「学術研究機関等」として位置付けたうえ（一六条八項）、これを民間の場合と原則として同様に扱うものとしたのです（その法律構成については第10章6節参照）。

学術研究機関等が個人情報を学術研究の目的で取り扱う場合には、義務の包括的な適用除外とする方法も考えられましたが、この改正では、そうすることなく個別的な適用除外として位置付けました。具体的には、利用目的による制限（一八条）、要配慮個人情報の取得制限（二〇条二項）、第三者提供の制限（二七条）の義務を部分的に免除して、その自主規制に委ねています

（五九条）。こうして個別的に適用除外されたもの以外の義務は原則として負います。

このように個別の義務ごとに適用の有無を区分する方法には、ＥＵから日本の学術研究機関等に移転された個人データも、ＧＤＰＲに基づく十分性認定の対象とできる利点もあります。

3　重点分野と個別法

(1)　重点分野への対処

ひとくちに個人情報といっても、その中には、単なる名刺一枚から「究極の個人情報」といわれる遺伝子情報まで、重要性の異なる幅広い情報を対象とする個別分野が含まれています。ところが、この法律が定める内容は各分野に共通する必要最小限のものにすぎません。そのため、「特にその適正な取扱いの厳格な実施を確保する必要がある個人情報」について、政府は「必要な法制上の措置その他の措置」を講ずるものとしています（六条）。

「必要な法制上の措置」とは主に特定の重点分野を対象とする個別法、「その他の措置」とは主にガイドライン（指針）の策定・公表という意味です。

この条項は要配慮個人情報のような情報内容の機微性そのものを指すものではなく、個別的な重点分野への対処を求めるものです。この法律が制定された際の衆参両院における附帯決議は、この重点分野として「医療、金融・信用、情報通信」の三分野を例示していました。

この三分野について特定分野ガイドラインが策定・公表されていることは後述しますが、次に述べるとおり、法制上の措置は主として医療分野について講じられています。

(2) 医療分野――病院関係

重点分野の中でも医療分野には、診療情報など機微情報が取り扱われるという特殊性があります。そのため、保護三法が制定される前から、医師や薬剤師などは刑法の秘密漏示罪の対象とされてきました。看護師、臨床検査技師、診療放射線技師、理学療法士など他の医療関係者も、その資格を定める法律で、所属病院の種類を問わず、罰則付きの守秘義務を課せられています。保護三法でも、これらの医療情報の大半が要配慮個人情報として、他分野とくらべて厳格な保護の対象とするよう改正されていましたが、その規制方法には差がありました。

他方で、医療機関の設置主体には官民の違いが乏しいという特殊性があります。前述した医療関係者の守秘義務規定も、二〇一七年制定の次世代医療基盤法も官民を区別していません。この基盤法は患者のデータを医療機関からオプトアウト方式で集めて非識別化することを基本的枠組みとして、薬機企業の研究・開発に役立てるものです（制定後も改正あり）。個人情報保護法でも二〇二一年改正によって、国公立病院は私立病院と同様に、個人情報取扱事業者として義務を負うことが原則とされました。詳しくは第4章2節・第10章6節で解説します。

(3) マイナンバー法との関係

個人情報保護法の制定後に成立した個別法の一つにマイナンバー法があります。個人情報保護法制の特例を定める点で、特別法として位置付けられます。前述の住基ネット最高裁判決を踏まえ、個人番号と特定個人情報を保護するための厳格で多様な仕組みが盛り込まれています。

なかでも大きな特徴は、本人の意思にかかわらず、マイナンバーの利用を法定された範囲に限定するとともに、マイナンバー入りの個人情報を「特定個人情報」と定義し、その収集、保管、提供などは法定された場合に限って許されるという制度になっていることです。利用終了後の消去義務も定められています。特定個人情報のデータベース化が許される場合も法定されており、それが許される場合でも作成または大幅変更の際には特定個人情報保護評価という厳格な手続きが要求されています。二〇二一年に個人情報保護法とともに一部改正されました。

このような内容ですので、マイナンバーが含まれるかどうかによって、課せられる義務の内容が異なります。このため、それに応じて取扱方法を区別する必要があります。

4 法律を具体化するための仕組み

以上のとおり、この法律では、官民共通の基本法部分の下に、民間部門の事業者と公的部門の行政機関等を区分して一般法部分を置くことを原則としています。他方で、医療分野や学術研究機関等など官民共通の性格がある個別分野には基本的に共通化を図るための特例を定める一方で、マイナンバーのように厳格な規制が求められるものには特別法を設けるという構造です。

この法律には細部の定めを政令に委ねている事項があり、そのため施行令を設けています。さらに、この法律や施行令の規定の中には、個人情報保護委員会の規則に細目を委ねている場合もあり、そのため施行規則を設けています（本書では執筆時点のものを掲載）。

「基本方針」については、すでに述べたように、この委員会が作った案に基づき政府が閣議決定して内閣総理大臣が公表することを七条で定めています。

ところで、九条は事業者などへの支援として国が指針の策定その他の必要な措置を講ずるものとしています。そこで、これを受けて、この委員会から全事業分野に適用される汎用的性格の指針が告示されています（図表2－4）。主なものは「通則編」「外国にある第三者への提供編」「第三者提供時の確認・記録義務編」、そして「仮名加工情報・匿名加工情報編」です。

その一方、特に厳格な実施の確保を要する分野（重点分野）については、六条にいう「その他の措置」として、複数の特定分野ガイドラインが、この委員会と所管省庁によって共同告示されています（これらは同時に九条にも基づいています）。「金融分野における個人情報保護に関する

図表2－4　個人情報の保護に関する法律についての主要なガイドライン

対象	名称	本書の略称
全体	通則編	通則指針
外国にある第三者への提供	外国にある第三者への提供編	外国提供指針
第三者提供時の確認・記録義務	第三者提供時の確認・記録義務編	確認記録指針
仮名加工情報・匿名加工情報	仮名加工情報・匿名加工情報編	仮名加工等指針

（注）他に特定分野ガイドラインなどを告示

ガイドライン」（金融指針）、「信用分野における個人情報保護に関するガイドライン」（信用指針）などです。すべて主務大臣制が採用されていた時代の指針内容をリニューアルしたものです。これらに特に定めがない事項には委員会の汎用的性格の指針が適用されます。

いずれにしても、各指針の内容には異なった二つの部分が含まれる点で共通しています。①法解釈を明確化するためにこの法律の行政解釈を示した部分と、②法律に基づいて課された義務の内容に付け加えて、対象となる分野の実情に応じて追加的に行われることが望ましいと考える事項を示すことによって、事業者などの自主的な取組みを促そうとする部分です。

これらの指針は告示の形式で公表されており、法令ではありませんので、それ自体には民間部門に対する法的強制力がありません。しかし、違反者に対し、指針のうち①部分に示した法解釈に基づき、この法律に基づく勧告などを行うことが予定されています。その限度では、前述の①部分に違反した場合はこ

図表２－５　法律を具体化するための仕組み

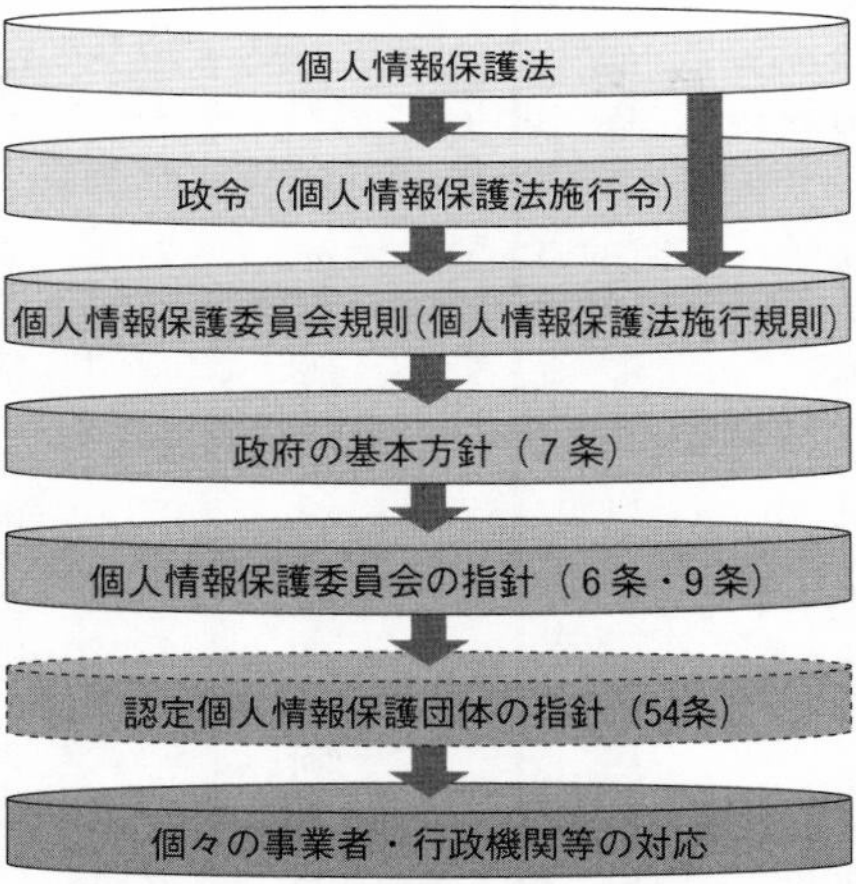

※認定個人情報保護団体の指針は民間部門に限る

の法律に違反した場合と同一視されますので（争いがあれば裁判所が最終判断）、特に法的強制力がない②の部分と異なっています。さらに委員会が公表する「Q＆A」を参照することも有用です。

次に、民間部門については事業者団体などが認定個人情報保護団体となって、その構成員など対象事業者（加入は任意）に適用されるべき個人情報保護指針を作成して自ら公表するという仕組みも用意されています（五四条）。二〇一五年改正では、この指針を「消費者の意見を代表する者その他の関係者の意見を聴いて」作成し、個人情報保護委員会に届け出て、この委員会も公表するという文言が条文に付け加えられました。こうした関係者の意見徴収は、欧米の「マルチステークホルダー・プロセス」制度に一部ならったものです。

以上のとおり、「法律↓政令（施行令）↓委員会規則（施行規則）↓政府の基本方針↓委員会などの指針（↓認定個人情報保護団体の指針）」という順序によって、この法律の具体化が階層的に図られ、それに基づいて個々の事業者が対応を図る構造になっています（図表2－5）。政府の基本方針は、同時に政令などの方向性を示すものでもあります。

5　個人情報保護法の番人——個人情報保護委員会

(1)　個人情報保護委員会

個人情報保護法の「番人」（監視監督機関）は、「個人情報保護委員会」です。内閣府に設けられた独立第三者機関です。以下、「委員会」と略称します。

EU加盟諸国では、プライバシーコミッショナーを設置して全体を統括させるとともに、国際会議などでの対外的な折衝も担当させており、他の多くの先進国も同様です。これに対し、わが国では、国の行政機関の監視は総務省行政管理局の職務とする一方、この法律の制定時には、民間部門の監督機関として、独立第三者機関ではなく主務大臣制が採用されていました。所管してきた個別分野の特色を反映させやすいことを理由としていました。

その半面、主務大臣制には省庁タテ割りの弊害がありました。現に異なる内容の主務大臣の指針が数十も林立しました。銀行のように〝主務官庁が明確な単一業種の事業者〟という伝統的な業態ならともかく、急速に複雑化する最近の業態では、複数の指針が重複適用されて企業活動が窒息しかねません。さらに、統一的な窓口が存在していないことから、国際会議など対外折衝で国益を代表した主張をすることが難しいなどの支障も生じていました。

この課題を解決するため二〇一五年改正で委員会が設置されました。〝日本版プライバシーコミッショナー〟たる独立第三者機関です。設置当初は民間部門だけの監督機関でしたが、二〇二一年改正で行政機関等についても監視機関となったので、全体の所管が委員会に一元化されました。

委員長と委員八人で組織されます（一三四条一項）。委員長と委員は、内閣総理大臣が両議院の同意を得て任命します（同条三項）。原則として、在任中、その意に反して罷免されないなど（一三六条）、任期中は身分が保障されており、独立性が高い機関とされています。

それだけに中立性・公正性が保たれているか、逆に他制度との調和不足などタテ割りの弊害が生じないか、最終的には主権者たる国民による監視が求められます。このため、委員会は毎年、国会に事務処理状況を報告し、その概要を公表するものとされています（一六八条）。

(2) 民間部門に関する監督と事業所管大臣

とはいえ、かつての主務大臣制には、民間部門との関係で各個別分野に長年取り組んできた各関係省庁の経験を活かして当該個別分野の特色を踏まえた規律が容易になり、大規模な専用組織を別途用意する必要がないなどの利点があったことも事実です。

この利点を活かすため、民間部門に対する監督については事業所管大臣等への権限委任が認められています（一五〇条）。これによって、所管省庁との連携が図られ、人的リソースなどに限りがある委員会を、有効にサポートすることができます。

委任ができる権限は、報告・立入検査と送達関係に限られ、指導・助言や勧告・命令は対象外です。この法律の解釈・適用を委員会に一元化するためです。

事業所管大臣は、①雇用管理については厚生労働大臣（船員は国土交通大臣）、②それ以外は、当該個人情報取扱事業者等が行う事業を所管する大臣等です（一五二条）。

権限委任は、緊急かつ重点的に個人情報等の適正な取扱いの確保を図る必要があることその他の政令で定める事情があるため、個人情報取扱事業者等に対し、勧告・命令を効果的に行ううえで必要があるときに認められています（一五〇条一項）。権限行使の結果は委員会に報告されます（同条二項）。事業所管大臣は地方支分部局などに、権限を再委任できます（同条三項）。特に、金融庁が所掌するものは金融庁長官に委任され、その一部は、さらに証券取引等監視委員会、財務局長、財務支局長に再委任できます（同条四項以下）。

さらに、事業所管大臣は、個人情報取扱事業者等に違反行為があるときなどは、この法律の規定に従い適当な措置をとるよう委員会に求めることができます（一五一条）。所管分野で違反行為があることを覚知したようなときに、それを事業所管大臣として放置できないからです。

(3) 行政機関等の監視

二〇二一年改正によって、公的部門たる行政機関等についても委員会が監視機関となりましたが、行政機関等が対象の場合には、その性格上、事業所管大臣制度は採用されていません。

違反があった場合における委員会の対処も、対象が民間部門である場合と異なっています。資料の提出要求・実地調査（一五六条）、指導・助言（一五七条）、勧告（一五八条）がある点では民間部門の場合とほぼ同様ですが、勧告に基づいてとった措置について報告の要求（一五九条）があるだけで、民間部門の場合と違って命令や、命令違反に対する罰則はありません。

これは、行個法・独個法を踏襲して、分担管理原則（国家行政組織法五条）に基づいたものです。具体的な行政事務の遂行は各府省庁が分担管理し、それを憲法六五条に基づいて束ねる内閣が最終的な責任を負うという原則です。地方公共団体の場合も基本構造は同様です。

第3章 「個人情報」とは何か

1 「個人情報」の意味

(1) 義務適用の有無を分ける基本的な〝分水嶺〟

「個人情報」という言葉の意味を、ここで改めて詳しく解説することにします。

この法律には、いろいろな用語が登場しますが、そのほとんどが「個人情報」概念をベースに組み立てられています。その意味で、この法律の〝扇の要〟となる概念です。

さらに、この法律による義務の対象となるさまざまな種類の情報のうち、個人情報は最も広い基本概念です。そのため、個人情報に該当しなければ、この法律による義務の対象外となるのが原則です。後述の仮名加工情報・匿名加工情報に関する義務もありますが、これらも個人情報を加工して作られます。他に個人関連情報も、提供先にとって個人情報のうちの個人データです。

このように、個人情報の概念は、この法律が課す義務が適用されるかどうかを基本的に切り分ける〝分水嶺〟となります。

二〇二一年改正前は保護三法や地方公共団体の条例ごとにこの概念を定義しており、細部が異なっていました。この改正によって「個人情報」の定義が官民を通じて統一され、違いに悩む必要がなくなりました。そのため、官民共通の「総則」部分で定義されています（二条一項）。

個人情報とは、生存する個人に関する情報であって（同項柱書）、①当該情報に含まれる記述等、もしくは、他の情報と容易に照合することにより特定の個人を識別することができるもの（同項一号）、または、②個人識別符号が含まれるもの（同項二号）をいいます。②の個人識別符号も、後述のように特定の個人を識別できるものに限られます（二条二項）。したがって、いずれにせよ特定の個人を識別できることが要件となり、これを「個人識別性」と呼んでいます。なお、個人情報によって識別される特定の個人を「本人」といいます（二条四項）。

「個人情報」の定義を分析すると、これに該当するためには、ⓐ「個人に関する情報」であること、ⓑ当該個人（本人）の生存者性、および、ⓒ個人識別性という三つの要件をすべて満たす必要があります。さらに、前記ⓒを満たすためには前記①または②に該当すること、前記①を満たすためには㋐記述等による識別性または㋑容易な照合による識別性に該当することを要します

図表3－1　個人情報の要件

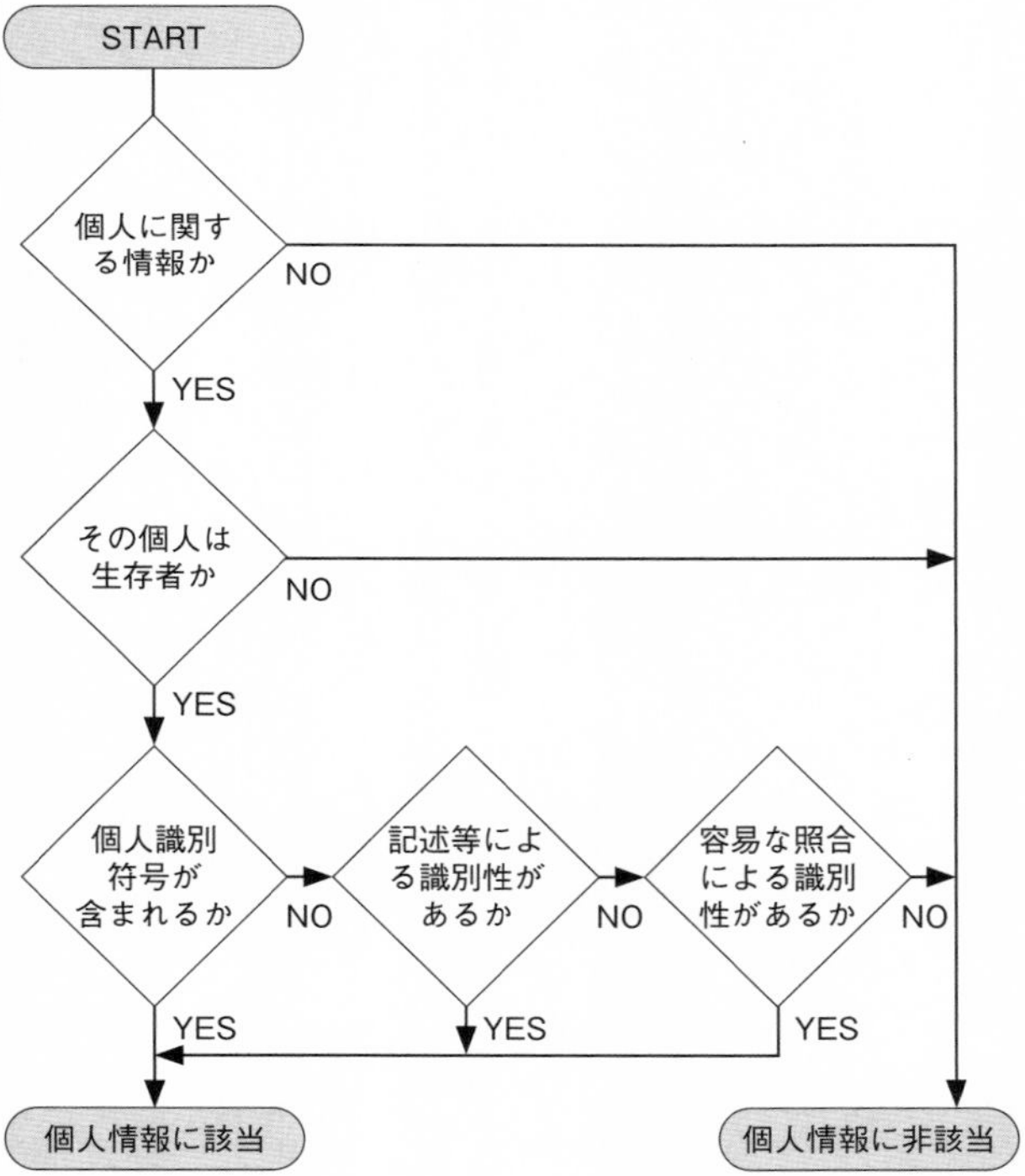

（図表3-1）。②は本節(6)以降で詳しく説明します。

(2)　「個人に関する情報」であること

第一に、「個人に関する情報」であることが必要です（前記ⓐ）。個人に関する情報であれば、文字情報だけでなく、映像情報や音声情報も含まれます。プライベートなものに限られず、仕事関係の情報でもいいのです。そのため、仕事で使う名刺一枚でも個人情報となります。

これに対し、人型ロボットに関する情報、「○○県の面積」といった情報や、「特定の株式会社における特定の年度の売上高」というような団体そのものに関する情報（団体情報）は、個人に関する情報とはいえないので該当しません。しかし、団体情報でも、それに含まれる役員などの情報は、当該役員など生存する特定の個人を識別できる限り、個人情報に該当します。

(3)「生存」する個人の情報であること——生存者性

第二に、「生存」する個人の情報に限られます（前記ⓑ）。そのため、織田信長のような死者や、ルパン三世のような架空の人物に関する情報は除外されて個人情報といえません。しかし、架空の人物のようでも、モデル小説で実在の生存する特定個人を識別できれば個人情報となります。

情報を取得した時点で「生存」していても、その後に本人が死亡した場合には、死亡時点で個人情報ではなくなります。そのため、死亡時以降にその情報を取り扱っても、この法律の対象外となります。亡くなった人の経歴を訃報に掲載するような場合が、その具体例です。しかし、死者の情報のように見えても、なお生存する遺族や相続人などを識別できる場合には、当該遺族などの個人情報に該当する場合もありますが、その点は次の(4)で再論します。

(4) 個人識別性

第三に、「特定の個人を識別することができる」こと（個人識別性）を要します（前記ⓒ）。

個人識別性がある情報は、匿名の情報とくらべて、コンピュータ処理などによる「名寄せ」や「ひもづけ」が簡単で、情報と本人との結びつきが明確です。そのため、取扱方法によっては本人の権利利益を害するおそれが高いので個人情報の要件とされています。これに対し「〇年度末の千葉県の成人男子住民数」といった統計情報は、個人情報といえません。

個人識別性の有無は、社会通念上、一般人の判断力や理解力で、その情報と特定の具体的な人物との間に同一性が認められるかどうかを基準に判断されます。識別性といっても程度問題であり、特殊な能力、機器などを使って、少しでも識別可能性があれば足りるとすると、個人情報の範囲が際限なく広がるおそれがあるからです。

取得時に個人識別性がない情報でも、その後に新たな情報が付け加えられたり、容易に照合が可能になったりした結果、個人識別性を備えた場合は、その時点で個人情報となります。

個人識別性の有無を明確化するため、本章1節(1)で説明した①または②に該当することが要件とされています。この②は、二〇一五年の改正で新たに付け加えられました。ＩＣＴの発達によって「グレーゾーン」と呼ばれる領域が増えるなかで、個人情報の概念を明確化する趣旨に基づくものであって、個人情報の定義を拡大、拡充するものではないと説明されています。

ところで、最高裁平成三一年三月一八日判決は、「個人に関する情報」にあたるかどうかは、当該情報の内容と当該個人との関係を個別に検討して判断すべきものであるとしたうえ、亡母の銀行預金口座に関する印鑑届書記載の情報は、相続人ではなく亡母の生前における「個人に関する情報」にあたるとしました。結局のところ、これは誰を本人として識別できる情報なのかという問題にほかなりません。個々の情報内容ごとに、識別される特定の個人が異なり、誰を本人とする個人情報なのか異なることは当然です。その意味で本質的には個人識別性の問題です。

(5) 記述等による識別性と容易な照合による識別性

前記①の要件に該当するためには、(ア)記述等による識別性、または、(イ)容易な照合による識別性があれば足ります。(ア)や前記②による識別性には、(イ)のような照合は不要であり、その情報自体に含まれる内容だけで識別性が認められるので「単体識別性」と呼ばれています。

個人識別性の典型例は、(ア)の「当該情報に含まれる氏名、生年月日その他の記述等により……識別することができるもの」であり、記述等とは「文書、図画若しくは電磁的記録……に記載され、若しくは記録され、又は音声、動作その他の方法を用いて表された一切の事項（個人識別符号を除く。）」です（二条一項一号）。そのため、氏名は不明でも「この人」だとわかるものなら、文書だけでなく、人の顔が判別できる映像、声の録音などでもかまいません。

次に、こうした記述等によって識別できなくても、個人識別性が認められるケースがあります。(イ)の「他の情報と容易に照合することができ、それにより特定の個人を識別することができる」もの（照合容易性）です（同号カッコ書き）。他の情報と簡単に突き合わせができ、それにより特定の個人を識別できるケースです。このように、容易性は「識別」ではなく「照合」についての要件です。したがって、照合が困難なら識別が容易でも、この要件を満たしません。

照合容易性の具体例をあげると、顧客番号や社員番号だけで氏名その他の特定の個人を識別できる記述等がない書類を、社内で別に用意した氏名入りの台帳といつでも簡単に照合できるようなケースです。その一方、社外の者にとっては、簡単には台帳と突き合わせることができませんので、個人識別性がなく、個人情報にはあたりません。このように、個人情報となるかどうかについては、ある程度、立場に応じて相対的に変わらざるをえない性格のものです。

照合容易性の有無は、照合すべき情報へのアクセス可能性の存否・程度、社内規程の整備などの組織的体制、情報システムのアクセス制御など技術的体制などを総合的に勘案し、取り扱う個人情報の内容や利活用の方法など、実態に即して個々の事例ごとに判断されます。同一の事業者内部でも、技術的な照合が相当困難であるとか、独立したデータベースをそれぞれ別の管理者が管理し、社内規程等により容易にアクセスできないなど、事業者内部で通常の業務における一般的な方法での照合が不可能な場合には、照合容易性はないと考えられます。

たとえば、インターネット接続プロバイダが課金などの必要から記録・保管している接続会員の通信ログ（履歴）も、それ自体には会員の個人名などが記載されているわけではありませんので、一般の人々にとっては個人情報ではありません。しかし、当該プロバイダは、別途保有している会員ID情報と容易に照合でき、これによって特定の個人を識別することができます。したがって、当該プロバイダにとって、通信ログは個人情報に該当します。

「メルアド（電子メールアドレス）は個人情報か」という質問を受けることがあります。結論からいえば、次のとおりケースバイケースで判断されます。

まず、個人の氏名入りの住所録やスマホ電話帳のリストにメルアドの項目が含まれているようなときは、リストは全体として、また、メルアドはその一部として個人情報となります。本文に送信者個人の名前が付けられたメールにおける送信者メルアドも同じです。

では、単独のメルアドは個人情報となるでしょうか。〝甲野太郎〈abcde@fghijk.jp〉〟のように、特定の個人を識別できる表示名付きメルアドなら、(ア)に該当して個人情報となります。

表示名がなくても、〝keizai_ichiro@meti.go.jp〟のように、文字列だけから特定個人（経済産業省に所属するケイザイイチロー）のメルアドと判別できれば個人情報に該当します。これに対し、〝abc123456@abc123456.jp〟のように、一般の人が見ても誰のものか文字列だけから判別できないものは、表示名付きでない限り、(ア)に該当せず、原則として個人情報といえません。

しかし、例外として、特定の事業者にとって、手持ちのリストなど他の情報と容易に照合でき、それによって特定個人を識別できる場合には、その事業者にとって識別性があるので、(イ)に該当して個人情報となります。ある事業者が、たまたま誰のメルアドなのかを知っていた場合も、その事業者にとって個人情報となるといっていいでしょう。

行個法・個情法には「容易に」という要件がありませんでしたが、二〇二一年改正による保護法の統合で「容易に」が入った形に一元化されました。とはいえ、容易かどうかは抽象的な程度問題ですので、この要件の有無によって実際上の差が生じるのか疑問が残るところです。

(6) 個人識別符号

生存する個人の情報のうち、前記②の個人識別符号に該当するものも個人情報となります。

個人識別符号とは、次の各号のいずれかの符号（文字、番号、記号など）のうち、政令で定めるものをいいます（二条二項柱書）。

具体的には、(1)特定の個人の身体の一部の特徴を電子計算機の用に供するために変換した符号で、当該特定の個人を識別できるもの（同項一号）、または、(2)個人に提供されるサービスの利用や個人に販売される商品の購入に関し割り当てられ、または個人に発行されるカードその他の書類に記載され、もしくは電磁的方式により記録された符号で、その利用者もしくは購入者または被発行者ごとに異なるものとなるように割り当て、または記載・記録されることにより、特定の利用者もしくは購入者・被発行者を識別できるものです（同項二号）。

(1)は一号個人識別符号、(2)は二号個人識別符号と呼ばれています。両者で仮名加工情報・匿名加工情報の加工方法が異なりますが、この点は第8章・第9章で後述します。

国会審議時には個人識別符号の個人識別性について、一意性、不変性、本人到達性の三要件が政府答弁で示されていますが、どちらも次に述べるとおり政令（施行令）で指定されます。

(7)　一号個人識別符号

一号個人識別符号は、特定の利用者認証や入退室管理などのための生体認証（バイオメトリクス認証）データが典型例です。次の要件をすべて満たすものに限定されています。

第一に、「特定の個人の身体の一部の特徴」に該当することが必要です。ペットとして飼っている犬や猫の足の肉球は「特定の個人の身体」といえません。利用者ごとにランダムに割り当てられたＩＤとパスワードの組み合わせは「身体の一部の特徴」といえません。

何が「特定の個人の身体の一部の特徴」なのかについて政令で限定されています。具体的には図表3-2の「イ」から「ト」までの七項目を施行令が定めています。「イ」は細胞から採ったデオキシリボ核酸（ＤＮＡ）の塩基配列、「ロ」は顔の容貌、「ハ」は虹彩の模様、「ニ」は声帯、

図表3－2　一号個人識別符号

次の身体の特徴のいずれかを電子計算機の用に供するために変換した符号で、特定の個人を識別するに足りるものとして委員会規則で定める基準に適合するもの（施行令）。
イ　細胞から採取されたデオキシリボ核酸（DNA）を構成する塩基配列
ロ　顔の骨格および皮膚の色ならびに目、鼻、口その他の顔の部位の位置および形状によって定まる容貌
ハ　虹彩の表面の起伏により形成される線状の模様
ニ　発声の際の声帯の振動、声門の開閉ならびに声道の形状およびその変化
ホ　歩行の際の姿勢および両腕の動作、歩幅その他の歩行の態様
ヘ　手のひらまたは手の甲もしくは指の皮下の静脈の分岐および端点によって定まるその静脈の形状
ト　指紋または掌紋
チ　以上の組み合わせ

「ホ」は歩行の姿勢など、「ヘ」は手の静脈の形状、「ト」は指紋・掌紋です（施行令では、これに準ずるものとして施行規則で定める符号も含めていますが、現状では一号個人識別符号につき特に規定されていません）。

第二に、この特徴を「電子計算機の用に供するために変換した符号」であることが要件です。たとえば横綱の手形色紙は、「ト」の指紋・掌紋にあたりそうですが、「電子計算機の用に供するために変換した符号」といえず、色紙のままでは一号個人識別符号に該当しません。

第三に、この符号は「当該特定の個人を識別できるもの」である必要があり、施行令は、それに足りるものとして「委員会規則で定める基準に適合するもの」に限定しています。

この「委員会規則で定める基準」について、施行規則は「特定の個人を識別することができる水準が確保されるよう、適切な範囲を適切な手法により電子計算機の用に供するために変換することとする」と定めています。

しかし「適切な範囲を適切な手法」といわれても、まるで禅問答をしているようで、よく意味がわかりません。そこで通則指針は、この範囲・手法について、「イ」から「ト」までの項目を具体化して、本人を認証できるだけの水準があるものに限定したうえ、これら七項目を組み合わせたもの（この図表の「チ」）でもかまわないとしています。

以上のように政令、そして最終的には委員会の指針やQ＆Aによって、個人情報を取り巻く環境の急速な変化に対する機敏な対応が可能になります。その半面、この法律の最も中心となる「個人情報」の定義内容の具体化が、国会審議を経ることなく単なる指針で最終的に左右されますので、関係者にとって法的安定性を損なうのではないかと危惧する声もあります。

(8) 二号個人識別符号

一号個人識別符号と同じく二号個人識別符号も、符号であることに変わりはありません。

こちらは「特定の個人の身体の一部の特徴」とは無関係ですが、当該符号が個人ごとに割当、記載、または記録されていることが必要です。ただし、一号個人識別符号と違って、電子計算機の用に供するために変換したものである必要はありません。

やはり政令で定めるものに限られますので、施行令が、旅券番号（二号）、基礎年金番号（三号）、運転免許証番号（四号）、住民票コード（五号）、個人番号つまりマイナンバー（六号）、国民健康保険・高齢者医療および介護保険の各被保険者証記載事項のうち、委員会規則で定める符号（七号）、以上に準ずるものとして委員会規則で定めるもの（八号）を指定しています。

これは特定の個人を識別可能な種類の符号のうち、その利用実態などに照らして個人情報に該当することを明確にする必要性の高いものに限って個人識別符号とする趣旨です。

まず、七号につき、施行規則は、国民健康保険の保険者番号および被保険者記号・番号、高齢者医療保険の保険者番号・被保険者番号、介護保険の番号・保険者番号としています。

次に、八号を具体化するため、施行規則は、①健康保険の保険者番号および被保険者等記号・番号、②船員保険の保険者番号および被保険者等記号・番号、③日本国政府以外が発行した旅券の番号、④在留カードの番号、⑤私立学校教職員共済の保険者番号および加入者等記号・番号、⑥国家公務員共済組合の保険者番号および組合員等記号・番号、⑦地方公務員等共済組合の保険者番号および組合員等記号・番号、⑧雇用保険被保険者証の被保険者番号、⑨特別永住者証明書の番号を、二号個人識別符号としています。健康保険法などの二〇一九年改正で、被保険者記号・番号を、世帯単位から個人単位（被保険者または被扶養者ごと）に定める形へと変更されました。保険者を異動しても個々人として資格管理を可能にするための改正です。これにともない施行規則も一部改正されて、現在の形になりました。

このように二号個人識別符号は法令に基づくものに限ることによって明確化を図っています。これに対し一号個人識別符号は生体認証の特性上、法令に基づくものに限定されません。

(9) 個人識別符号とされなかったもの

施行令や施行規則では、携帯電話番号、クレジットカード番号それ自体は、本書の執筆時点では個人識別符号とされていません。いろいろな契約形態や運用実態があり、およそどのようなケースでも特定の個人を識別できるとは限らないことなどが、その理由です。

医師や弁護士など国家資格の登録番号も個人識別符号とされませんでした。実態として広範囲の事業者に取り扱われていないので、個人識別符号とする必要性に乏しいことが理由です。

ただし、これらの番号なども、一緒に含まれる記述等や照合が容易な情報とあいまって個人識別性が認められる場合には、個人情報となります。

(10) 身近な情報のほとんどが個人情報

本章1節(2)~(4)で説明した三要件を具備すれば個人情報に該当し、他の要件は不要です。

コンピュータ処理情報だけでなく、紙の情報でもかまいません。文字情報だけでなく、記念写真などの静止画像、コンビニやスーパーの監視カメラ録画などの動画や静止画像のような映像情報も、特定の人の顔が判別できれば該当します。留守番電話の録音のような音声情報も、誰の声なのか、特定の個人が識別できれば個人情報となります。

すでに公表されて世間一般に知られている情報（公知情報）も含みます。NTTが配布している五〇音別電話帳も個人情報です。情報の内容が真実かどうかも問いません。

顧客情報はもちろん、従業員の雇用管理情報のようなインハウス情報（内部管理情報）も含まれます。給与明細書や源泉徴収票、人事考課の内容だって該当するのです。

事実に関する情報（事実情報）だけでなく、試験の合否、医師の診断など判断や評価を示す情報（評価情報）でもかまいません。裁判で国家試験の成績が問題となったこともあります。

外国人や国外居住者の個人情報にもこの法律が適用される一方、国内にある者が本人であれば外国での取扱いにも域外適用されます（一七一条）。第11章2節で詳しく説明します。

こうして見ると、身近な情報のほとんどが個人情報にあたることがわかります。机の上にあるハガキ一枚、パソコンやスマホの中にある住所録や電話帳なども個人情報です。

以上のとおり、個人情報はあらゆるところに存在しており、リスクは日々の業務の中に常に潜んでいます。営業部、経理部、情報システム部、人事部、福利厚生部などはもちろん、まさに全社的な取組みが必要なのです。

⑾　プライバシー情報との違い

裁判で認められてきたプライバシーの概念は、伝統的には、①私事性、②非公知性、③一般人なら公開を欲しない事柄であることの三要件をすべて満たすことが必要とされてきました。

これに対し、最近の最高裁判決は、他人にみだりに知られたくない情報（として保護されるべき期待を有するもの）かどうかを基準としています（少年事件報道事件の最高裁平成一五年三月一四日判決、早稲田大学江沢民主席講演会事件の最高裁平成一五年九月一二日判決など）。

これにくらべて、個人情報という言葉は、それらの要件を満たす必要がないので、プライバシーよりもはるかに広い概念となります。みだりに知られたくない事柄か、プライベートな事柄か、世間に知られていない事柄か、思想・信条や宗教などセンシティブ（機微）な情報か、これらとはすべて無関係です。ただ機微情報の一部は、次に述べる要配慮個人情報として通常の個人情報よりも手厚く保護されているだけです。

つまり、取引先担当者から受け取った名刺一枚でも、この法律にいう個人情報に該当するのです。したがって、この法律について「従来どおり、プライバシーを侵さなければいい」という程度に軽く考えている人がいるとすれば、それは大きな誤解です。

2　要配慮個人情報

総則では「要配慮個人情報」という言葉も定義されています。これは処理形式や存在形式などではなく、もっぱら情報の内容に着目した区分である点で独特のものです。

わが国が対応を迫られてきたEU個人データ保護指令やGDPRでは、センシティブ情報（機微情報）が厳格に規制されています。わが国でも、制定後の改正で保護三法に「要配慮個人情報」が導入されました。それらの定義内容はほぼ同様のものであったこともあり、二〇二一年改正による保護三法の一本化にともなって「要配慮個人情報」の定義も一本化されました。

この法律にいう要配慮個人情報とは、本人の①人種、②信条、③社会的身分、④病歴、⑤犯罪の経歴、⑥犯罪により害を被った事実、⑦その他本人に対する不当な差別、偏見その他の不利益が生じないように、その取扱いに特に配慮を要するものとして政令で定める記述等が含まれる個人情報です（二条三項）。

⑦については、別途、施行令が定めています。まず「病歴」に準じるものとして、ⓐ委員会の規則で定める心身の機能の障害、ⓑ健康診断等の結果、ⓒ診療情報・調剤情報が、次に「犯罪の経歴」に準じるものとして、ⓓ刑事事件に関する手続、ⓔ少年の保護事件に関する手続が定めら

れました。他の法令や、わが国の社会通念などを参考にして、差別や偏見を生じるおそれの有無などを考慮したものです。

さらに⒜について、施行規則は、①身体障害者福祉法別表に掲げる身体上の障害、②知的障害者福祉法にいう知的障害、③精神保健福祉法にいう精神障害（発達障害者支援法二条二項に規定する発達障害を含み、②のものを除く）、④治療方法が確立していない疾病その他の特殊の疾病であって障害者総合支援法四条一項の政令で定めるものによる障害の程度が同項の厚生労働大臣が定める程度であるものと定め、範囲の明確化を図ろうとしています。

とはいえ、このように対象となる要配慮個人情報の範囲が広いので、過剰反応などの発生が危惧されます。委員会も通則指針やQ＆Aなどで、さらに具体化を図っています。他方、ＥＵや英国から十分性認定に基づき提供された性生活、性的指向や労働組合に関する個人データを要配慮個人情報と同様に取り扱うという「補完的ルール」を、委員会は設けています。

要配慮個人情報は、通常の個人情報と比べて、厳格な規制対象となっていますが、民間部門と公的部門で保護の方法に違いがあります。詳しくは後述します。なお、地方公共団体は、地方公共団体の機関または地方独立行政法人が保有する個人情報のうち、地域特性などの事情に応じて、本人への不当な差別、偏見その他の不利益が生じないように取扱いに特に配慮を要する記述等を含むものを、「条例要配慮個人情報」として条例で定めることができます（六〇条五項）。

3　二条が定義するその他の事項

二条では他にも重要な概念を定義しています。まず、適用される一般法部分が、第四章（民間の事業者を対象）と、第五章（行政機関等を対象）で異なりますので、この両章の適用対象の区分に必要な、主体（行政機関、独立行政法人等、地方独立行政法人、行政機関等）について定義しています。

次に、個人情報、要配慮個人情報以外にも、双方に共通する対象情報の概念を二条で定義しています。仮名加工情報、匿名加工情報、個人関連情報です。さらに、両章に独自の用語は、改めて第四章の冒頭（一六条）と第五章の冒頭（六〇条）に、別の定義規定を置くという複雑な構造です。具体的には、民間の事業者には、個人情報、それを絞り込んだ個人データ、さらに絞り込んだ保有個人データに分けて義務を課しています。これに対し、行政機関等には、個人情報、それを絞り込んだ保有個人情報、さらに絞り込んだ個人情報ファイルに分けて義務を課しています。

つまり、スタート時点の個人情報など共通する対象情報の概念という限度で二条によって定義している半面、個人情報に関する義務の内容をはじめ、そこから枝分かれする対象情報と義務の内容が、この双方で異なっているのです。なお、第四章の適用対象となる各種の事業者の概念も、主に同章の冒頭（一六条）で定義しています。

第4章　民間事業者が負う義務の全体像

1　民間部門の一般法

(1) 義務の対象情報は三層構造が基本

ここからの説明は、本書の読者層を考えて、民間事業者が負う義務を中心に解説します。行政機関等の場合には対象情報や義務内容が異なっており、第10章で詳しく触れます。

この法律の第四章は、民間事業者全般を「個人情報取扱事業者」として位置付け、個人情報を適正に取り扱うために遵守すべき具体的な義務を課すことを基本的な枠組みとしています。

制定時には、取り扱う情報の種類を、①個人情報、②個人データ、③保有個人データの三種類に分けたうえ、それに応じて義務が加重されていくという三層のシンプルな積み上げ構造でした。

これが基本構造であることは現在でも変わりがありません。

第一に、この義務は「個人情報取扱事業者」が「個人情報」について一定の義務を負うという構造をベースとしています（第5章参照）。「個人情報」とは、第3章1節で解説したように、簡単にいえば、特定の生存者個人を識別できる情報です。したがって、名刺一枚であっても「個人情報」にあてはまりますので、それを取り扱う際には義務を負います。

第二は、「個人データ」に関する義務です。未整理でバラバラな状態のままで大量の名刺の束から、特定の人の名刺を探そうと思っても手間がかかって不便です。ところが、それを五〇音順インデックス付き名刺ホルダーに入れて整理すると、ぐっと便利になります。さらに、それを住所管理ソフトに入力しておいた場合や、これをプリントアウトして名簿の形で整理しておけば、もっと件数が大量であっても、より便利に扱えるはずです。

しかし、このように取扱いが容易になる半面、個人の権利利益に対する危険も高くなります。たとえば、大量のデータを記憶媒体に入れて簡単に持ち出せ、漏えいのおそれが増加します。そのため、この法律では、データベース化され、または紙の名簿になったような場合を「個人情報データベース等」、そして「個人情報データベース等」に含まれる個人情報を「個人データ」と呼び、個人データを取り扱う際の義務を上積みしています（第6章参照）。

第三に、その事業者が本人への開示などの権限を持つ「個人データ」を「保有個人データ」と呼んで、さらに義務を積み増しており、その大半は本人の権利でもあります（第7章参照）。二〇二〇年改正前は長期保有データに限られていましたが、情報化社会の進展により短期保有データでも権利利益侵害のおそれがあることを理由に、この限定は同年改正で削除されました。

以上の「個人情報」と「個人データ」「保有個人データ」は、処理形式、存在形式、開示等の権限の有無によって、前者を後者が順に絞り込んだ概念として、基本的に区分されています。

(2) 改正によって対象情報は多層構造化

制定時になかった制度が、制定後の改正で新たに付け加えられていったため、その対象情報も複雑化・多層構造化し、それは二〇二一年改正でも維持されています（図表4-1）。

まず二〇一五年改正によって「要配慮個人情報」（第3章2節参照）と「匿名加工情報」が、次に二〇二〇年改正によって「個人関連情報」と「仮名加工情報」が、それぞれ導入されました。これらの内容は各関係箇所で後述しますが、この法律では個人情報、仮名加工情報、匿名加工情報と個人関連情報を「個人情報等」と総称しています（一四六条一項。ただし、認定個人情報保護団体関係の四七条一項や適用除外に関する五七条では個人関連情報が除外）。

以上の結果、この法律が事業者に課している義務の対象情報や内容は、これから詳しく述べるとおり、かなり複雑な多層構造となりました。

図表４－１　現行における義務の対象情報（民間事業者）

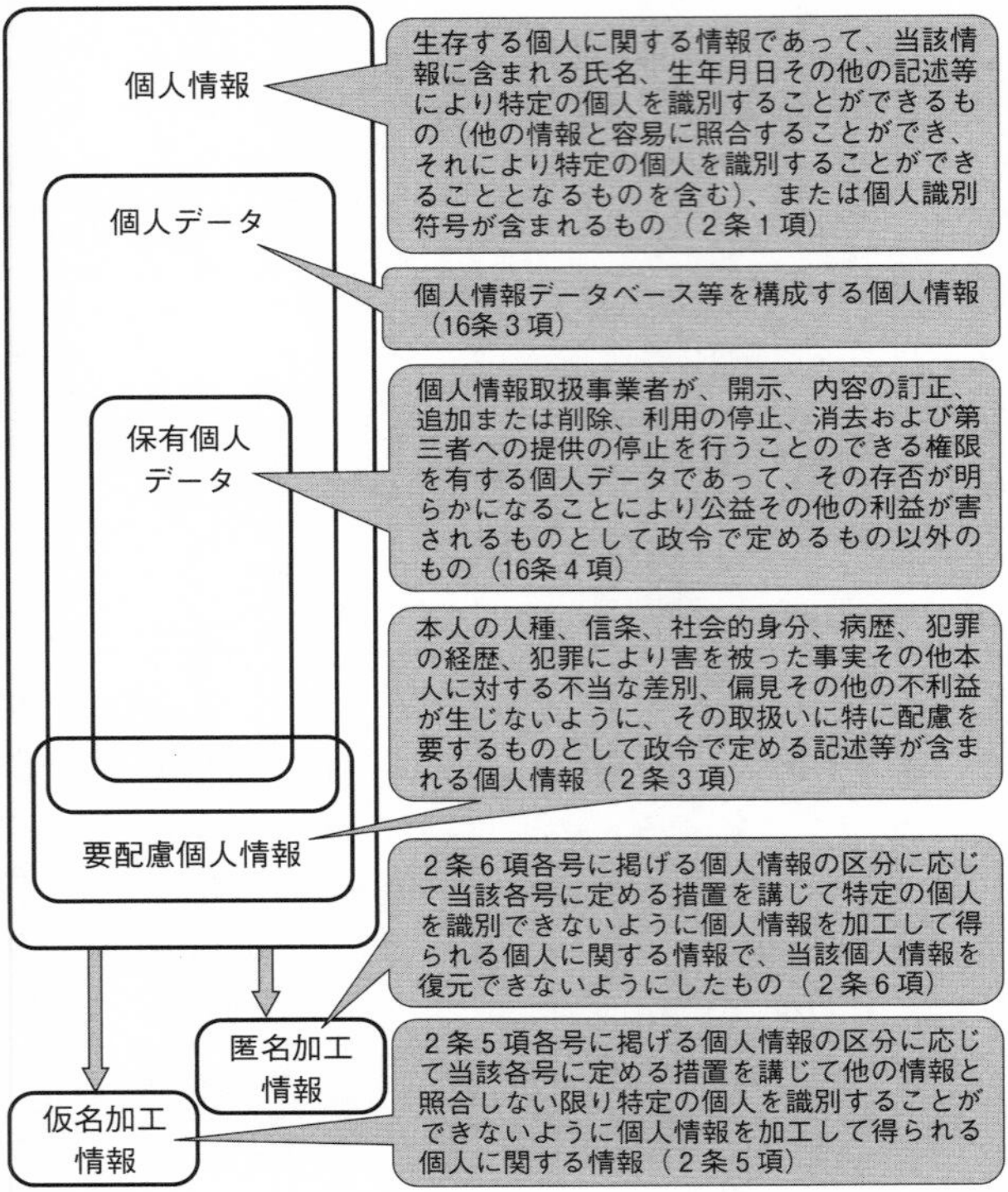
個人情報
生存する個人に関する情報であって、当該情報に含まれる氏名、生年月日その他の記述等により特定の個人を識別することができるもの（他の情報と容易に照合することができ、それにより特定の個人を識別することができることとなるものを含む）、または個人識別符号が含まれるもの（２条１項）
個人データ
個人情報データベース等を構成する個人情報（16条３項）
保有個人データ
個人情報取扱事業者が、開示、内容の訂正、追加または削除、利用の停止、消去および第三者への提供の停止を行うことのできる権限を有する個人データであって、その存否が明らかになることにより公益その他の利益が害されるものとして政令で定めるもの以外のもの（16条４項）
要配慮個人情報
本人の人種、信条、社会的身分、病歴、犯罪の経歴、犯罪により害を被った事実その他本人に対する不当な差別、偏見その他の不利益が生じないように、その取扱いに特に配慮を要するものとして政令で定める記述等が含まれる個人情報（２条３項）
匿名加工情報
２条６項各号に掲げる個人情報の区分に応じて当該各号に定める措置を講じて特定の個人を識別できないように個人情報を加工して得られる個人に関する情報で、当該個人情報を復元できないようにしたもの（２条６項）
仮名加工情報
２条５項各号に掲げる個人情報の区分に応じて当該各号に定める措置を講じて他の情報と照合しない限り特定の個人を識別することができないように個人情報を加工して得られる個人に関する情報（２条５項）

これらとは別に、マイナンバー法上の義務は、マイナンバーが含まれていれば誰にでも適用されます。この場合、一般法として、この法律上の義務も、一部を読み替え・適用除外のうえ適用されます（マイナンバー法三〇条）。

(3) 個人情報等の取扱いは必要最小限度に

詳細な顧客情報を大量に収集・蓄積していること、そしてそれを利用しやすいようにデータベース化していることは、事業者の「情報資産」として高く評価されてきました。

ところが、この法律によって、個人情報、個人データ、保有個人データの三種類に関する基本的な義務だけをとっても、図表4-2のような重い義務を負わされることになったため、いままでは「負の遺産」と揶揄されることとすらあります。以前に「将来何かの役に立つかもしれない」と思って消さずに残していたデータが、適正で安全な管理のためにコストや手間をかけなければ、漏えいその他の紛争を招き、ひいては巨額の損害賠償責任を生じかねない〝やっかいもの〟となるからです。リスクに備えて損害保険を付保する費用も無視できません。

事業者としては、負うべき義務を最小限にとどめようと思えば、みだりに不必要な個人情報の収集、データベース化などを行うことを差し控えなければなりません。必要性に乏しい要配慮個人情報の取得はなおさらです。不要になった個人情報を、迅速かつ安全に消去するなどの措置を講じることも求められます。匿名加工情報や仮名加工情報についても同様です。

その意味で、この法律の構造は、本人の権利利益を保護するために、事業者による個人情報等の取扱いが必要最小限度にとどめられることを促進する機能を持っています。

図表４－２　基本的な義務の概要

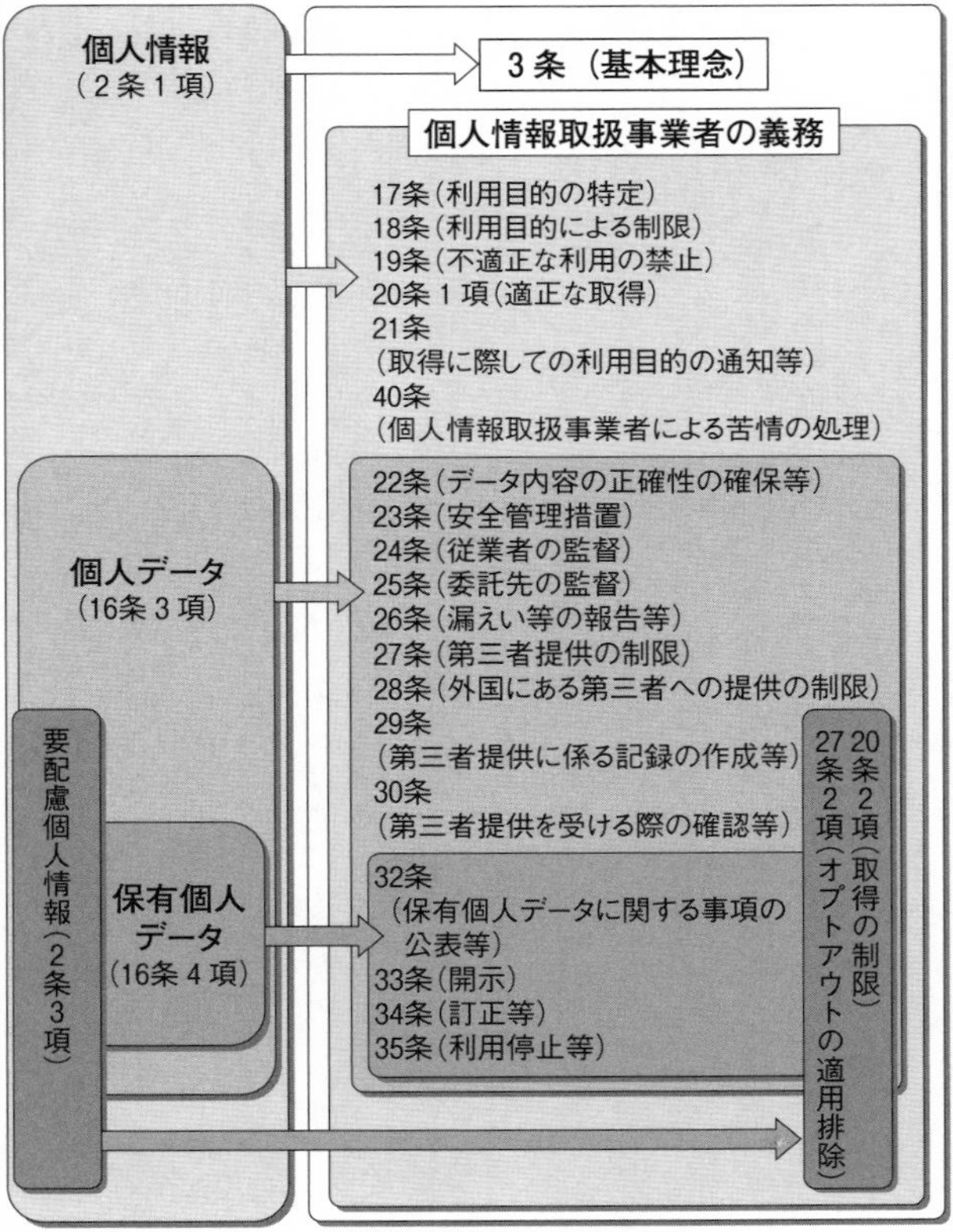
個人情報
（２条１項）
３条（基本理念）
個人情報取扱事業者の義務
17条（利用目的の特定）
18条（利用目的による制限）
19条（不適正な利用の禁止）
20条１項（適正な取得）
21条
（取得に際しての利用目的の通知等）
40条
（個人情報取扱事業者による苦情の処理）
個人データ
（16条３項）
22条（データ内容の正確性の確保等）
23条（安全管理措置）
24条（従業者の監督）
25条（委託先の監督）
26条（漏えい等の報告等）
27条（第三者提供の制限）
28条（外国にある第三者への提供の制限）
29条
（第三者提供に係る記録の作成等）
30条
（第三者提供を受ける際の確認等）
要配慮個人情報（２条３項）
保有個人データ
（16条４項）
32条
（保有個人データに関する事項の公表等）
33条（開示）
34条（訂正等）
35条（利用停止等）
20条２項（取得の制限）
27条２項（オプトアウトの適用排除）

（注）他に個人関連情報の第三者提供の制限等（31条）

2　義務を負う者は誰か

⑴　義務の名宛人は「個人情報取扱事業者」が基本

この法律の第四章が定める義務を負う者は、原則として「個人情報取扱事業者」です。すべての個人や団体が負うわけではありません。ただし、二〇一五年改正で「匿名加工情報取扱事業者」が、さらに二〇二〇年改正で「個人関連情報取扱事業者」や「仮名加工情報取扱事業者」も一定の義務を負うことになりました（それらの内容は関連箇所で後述）。とはいえ主に義務を負うのは「個人情報取扱事業者」（一六条二項）ですので、その意味を詳しく説明します。

個人情報取扱事業者は、第一に、基本的には民間事業者に限られます（前述した他の各種の事業者も同様）。国の機関、地方公共団体、独立行政法人等、地方独立行政法人が明文で除外されているからです（同項ただし書き）。これらの公的部門のうち「行政機関等」には、原則として第五章の義務（第10章で詳しく説明します）が適用されます。

ただし、公的部門の除外といっても厳密ではありません。次のような例外があります。まず、「独立行政法人等」（二条九項）、「地方独立行政法人」（同条一〇項）は、公的部門の外郭団体すべてを網羅していません。そのため認可法人「銀行等保有株式取得機構」のように、それらに該当しない団体は、公的性格のものでも、個人情報取扱事業者として義務を負います。

次に、国公立の大学や病院・診療所は、私立の大学や病院・診療所と同様に個人情報取扱事業者として扱われます。詳しい法律構成は第10章6節で解説しますが、本来は独立行政法人等である国立大学・国立病院と、本来は地方独立行政法人である公立大学・公立病院は個人情報取扱事業者とされています。地方公共団体が直営する公立の大学や病院・診療所の業務上の個人情報の取扱いは、個人情報取扱事業者による取扱いとみなされます（五八条二項）。

これは、それらの性格上、設置主体が国公立か私立かによって規制内容を区別する理由に乏しいからです。たとえば、病院の場合、同一の患者が紹介状を持って、あるいは自由意思で精密検査などのために複数の病院を受診して回り、ひとりの医師が所属する大学病院の医局から他の病院の当直を日替わりで担当するようなケースが少なくありません。どちらも診療の際に設置主体について区別する意識は薄く、設備上の制約などを除けば、診療内容に差もないはずです。

にもかかわらず、適用される義務内容が異なるのは不合理なので、二〇二一年改正によって、私立と同様に扱うことになりました。ただし、本人からの開示等の請求等に係る規定などは、国公立の場合には、すべて行政機関等に準じて扱われます（一二五条）。これらの規定がそれぞれ情報公開法制を補完する側面や広義のオープンデータ政策としての性格があるからです。他方、大学のような学術研究機関等については、国公立・私立を区別することなく必要に応じて個別の義務除外規定が置かれました。詳しくは第2章2節(5)と各関係条項の箇所で解説しています。

(2)「個人情報データベース等」を事業の用に供している者

第二に、「個人情報データベース等」を事業の用に供している者であることが必要です（一六条二項本文）。

「個人情報データベース等」（図表4-3）とは、個人情報を含む情報の集合物（政令で定めるものを除く）のうち、ⓐ電子データベースのように、特定の個人情報をコンピュータで検索できるように体系的に構成したもの（同条一項一号）、もしくは、ⓑそれ以外のものであって、紙媒体の五〇音になった同窓会名簿のように特定の個人情報を容易に検索可能なように体系的に構成したもの（同項二号）をいいます。ⓑについては、個人情報を規則的に整理し、目次、索引その他検索を容易にするためのものを有するものに施行令で限られています。

これを実例で説明します。一枚だけの名刺は、個人情報を含んでいても「情報の集合物」とはいえません。未整理の名刺の束は、個人情報を含む情報の集合物でも、「体系的に構成したもの」とはいえません。そのため、これらは個人情報データベース等には該当しません。

これに対し、ⓐ名刺情報を住所管理ソフトに入れてデータベース化して整理したような場合や、ⓑ名刺の束を五〇音順見出し付きホルダーに整理して収納したような場合には、個人情報データベース等となります。電子メールソフトのアドレス帳やスマホの電話帳も、登録した特定の個人を電子検索できますのでⓐに含まれ、個人情報データベース等に該当します。

個人情報データベース等というと、名簿業者のような特殊な業種だけが使うものと誤解する人もいそうですが、以上のとおり、どこの会社でも、誰でも使っている身近な存在なのです。

しかも、個人情報データベース等は、自分で構築・作成したものに限られていません。他社が運営するオンラインデータベースを使う場合も、個人情報データベース等にあたります。

ただし、利用方法から見て個人の権利利益を害するおそれが少ないものとして政令で定めるものは、個人情報データベース等から除外されています（一六条一項カッコ書き）。これを施行令は、①不特定多数の人に販売するため適法に発行され、②不特定多数の人が随時購入でき、かつ、③生存する個人に関する他の情報を加えずに本来の用途に供しているものとしています。市販の電話帳、住宅地図、職員録、カーナビが具体例です。適法に発行されたものに限りますので、不正漏えいデータから作った違法なヤミ名簿の類は除外されません。

これによって除外されたものは、個人データ、保有個人データにも該当しません。小規模事業者にも義務規定が適用されるので、このように義務の対象情報を限定することによって、事業者の負担軽減を図ろうとしているのです。

図表４－３　個人情報データベース等

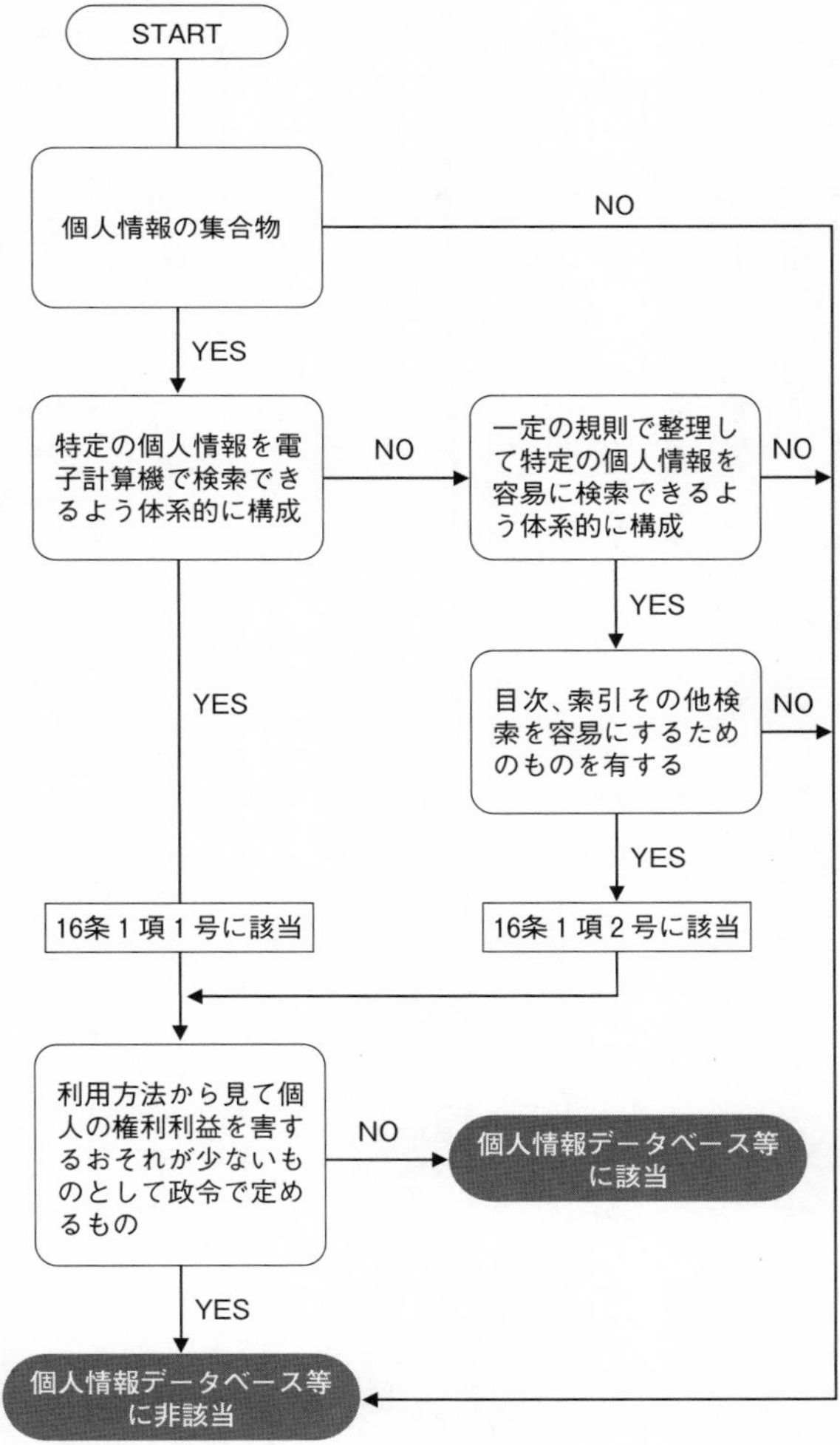
START
個人情報の集合物
NO
YES
特定の個人情報を電子計算機で検索できるよう体系的に構成
NO
一定の規則で整理して特定の個人情報を容易に検索できるよう体系的に構成
NO
YES
YES
目次、索引その他検索を容易にするためのものを有する
NO
YES
16条１項１号に該当
16条１項２号に該当
利用方法から見て個人の権利利益を害するおそれが少ないものとして政令で定めるもの
NO
個人情報データベース等に該当
YES
個人情報データベース等に非該当

(3)「事業の用に供している」こと

次に、個人情報データベース等を「事業の用に供している者」に限られます。「事業」とは、一定の目的で反復継続的になされる同種行為のうち、社会通念上、事業といえるものです。

したがって、単に個人が趣味で個人情報データベース等を利用しているにすぎない場合には、個人情報取扱事業者にあたりません。しかし、営利事業であることは要件とされていませんので、自治会や同窓会のように非営利事業であっても個人情報取扱事業者にあたります。法人その他の団体に限られていませんので、個人事業主であっても該当します。

個々の従業員が自分用に、メールソフトでアドレス帳を管理していたり、五〇音順ホルダーに名刺を入れて管理したりしている場合でも、それがプライベート専用ではなく、勤務先の事業活動のためにも使われているのであれば、その従業員を雇用する勤務先の事業者が、その限度で個人情報データベース等を事業の用に供しており、個人情報取扱事業者になります。

個人情報取扱事業者というと名簿業者のことかと誤解する人がいるかもしれませんが、以上のように、原則として民間事業者全般を指しており、しかも非営利の団体や個人事業主、さらには国公立大学や国公立病院・診療所まで含んだ大変広い概念なのです。

(4) 小規模事業者でも個人情報取扱事業者

二〇一五年改正前には、民間事業者であっても、過大負担となることを避けるため小規模事業者は個人情報取扱事業者から除外され、義務の適用対象外でした。この改正によって、この小規模事業者の除外規定が削除、廃止され、新たに義務の対象になりました。その際の改正法附則一一条では、小規模事業者の負担軽減に配慮すべきことをうたっています。

これを受けて委員会の通則指針では、小規模事業者の安全管理措置の内容が軽減されています。とはいえ、取り扱う個人データの人数という歯止めが失われたことによって、事業者すべてが個人情報取扱事業者に該当してしまうため、後に述べる過剰反応問題などの再燃や、あまりにも面倒だとして法令遵守をあきらめてしまう事業者の増加が危惧されます。

(5)　民間部門におけるその他の義務者

この法律では、他に義務を負うべき者として仮名加工情報取扱事業者、匿名加工情報取扱事業者、個人関連情報取扱事業者の概念が登場します。これらの者と個人情報取扱事業者を「個人情報取扱事業者等」と総称して、委員会による監督の対象としています（一四六条一項。ただし、認定個人情報保護団体に関する四七条一項との関係では個人関連情報取扱事業者が除外）。

これらの者は、個人情報取扱事業者の定義にいう「個人情報データベース等」の部分が、それぞれ仮名加工情報データベース等、匿名加工情報データベース等、個人関連情報データベース等と異なっているにすぎず、それらを「事業の用に供している者」です。個人情報取扱事業者と同じく公的部門に属する者が、国公立大学や国公立病院・診療所を除き、該当しない点でも共通しています（一六条二項ただし書きの準用）。これらの意味は各関係箇所で詳しく述べます。

(6) 過剰反応・過剰保護問題

この法律の全面施行直後から、事業者による〝過剰反応〟が社会問題化しました。まず、全面施行直後に発生したＪＲ福知山線脱線事故では、被害者の家族からの安否確認を搬送先の一部病院が拒否したため、大きな混乱が生じました。後述する第三者提供の制限（二七条）などに違反することを病院側が危惧したことが原因でした。

他にも、クラス連絡簿や同窓会名簿の作成を取りやめる学校や、町内会名簿の作成を中止する自治会が出現するなどさまざまな過剰反応が社会に拡大しました。不祥事の発覚時に個人情報保護に名を借りた情報隠ぺいも発生し、「過剰保護」と呼ばれました。

この法律の目的は、個人情報の保護そのものではなく、「個人の権利利益」を守ることにあります。ところが、「個人情報の保護」という言葉だけが独り歩きすると、これらのケースが示すように、個人の権利利益を守るどころか、かえって侵害する事態すら招きかねません。

もっとも、この法律は「個人情報の有用性」への配慮も明記しており、そのため所定の例外事由等を設けています。前述した過剰反応事例の中には、これに該当するため実際には適法となるケースが多いのも事実です。たとえば、大規模事故の場合には、安否確認のために被害者の氏名などを必要な範囲で家族に提供することができます。その原因として、この法律に事業者が不慣れなため、前述のような過剰反応が生じていると指摘されてきました。こうした見地から、関係省庁は広報活動などで対処を試みてきました。

しかし、この法律の規定内容があまりにも抽象的であるため、事業者が違反をおそれて委縮してしまっていることも否定できない事実です。

では、その後、過剰反応問題は改善されたのでしょうか。残念ですが、そうともいえません。二〇一一年の東日本大震災、二〇一五年九月の関東・東北豪雨では行方不明者の氏名を公表せず安否確認が遅れました。過剰反応・過剰保護は、いまも続いている深刻な問題です。

世の中で扱われる情報の大部分は、何らかの意味で個人情報です。そのため、個人情報保護法制が対象とする範囲はきわめて広く、社会に及ぼす影響は甚大です。その一方、法秩序全体を見渡せば、他にも保護すべき多様な権利利益が存在しており、個人情報保護はその一つにすぎません。ここでも、個人情報保護だけが極度に優越した扱いを受けることにより、保護されるべき諸般の権利利益が損なわれないよう何らかの対応が求められます。

このため、法律の構造に起因して過剰反応・過剰保護問題が発生しているという側面があるか、適正な見極めが必要となるはずです。それを踏まえ、「個人の権利利益保護」を念頭に置きつつ、「個人情報の有用性」との適正な調和を保った法解釈を心がけなければなりません。

二〇二〇年から新型コロナウイルス感染拡大が世界規模で社会問題となりました。委員会は一般向けや医療機関向けに見解を公表し、深刻な過剰反応の再燃は避けられました。今後も、こうした迅速な取組みが、さらなる基準の明確化とともに過剰反応対策として必要です。

3 違反するとどうなるか

(1) 実効性の確保――苦情処理制度と個人情報保護委員会の監督制度

この法律が定める義務に個人情報取扱事業者等が違反した場合、どのような措置を受けるのでしょうか。プライバシー権を侵害した場合には、被害者本人から、裁判所を通じて侵害行為の差止め請求や損害賠償請求などが行われます。これに対し、この法律では、実効性を確保するために、①複層的（多重的）な苦情処理制度と、②監督機関（委員会）の監視監督の制度、③本人による事業者に対する開示等の請求等という制度が用意されています（図表4-4）。③は第7章で解説することにして、ここでは①と②について説明します。

図表４－４　民間部門に対する実効性の確保

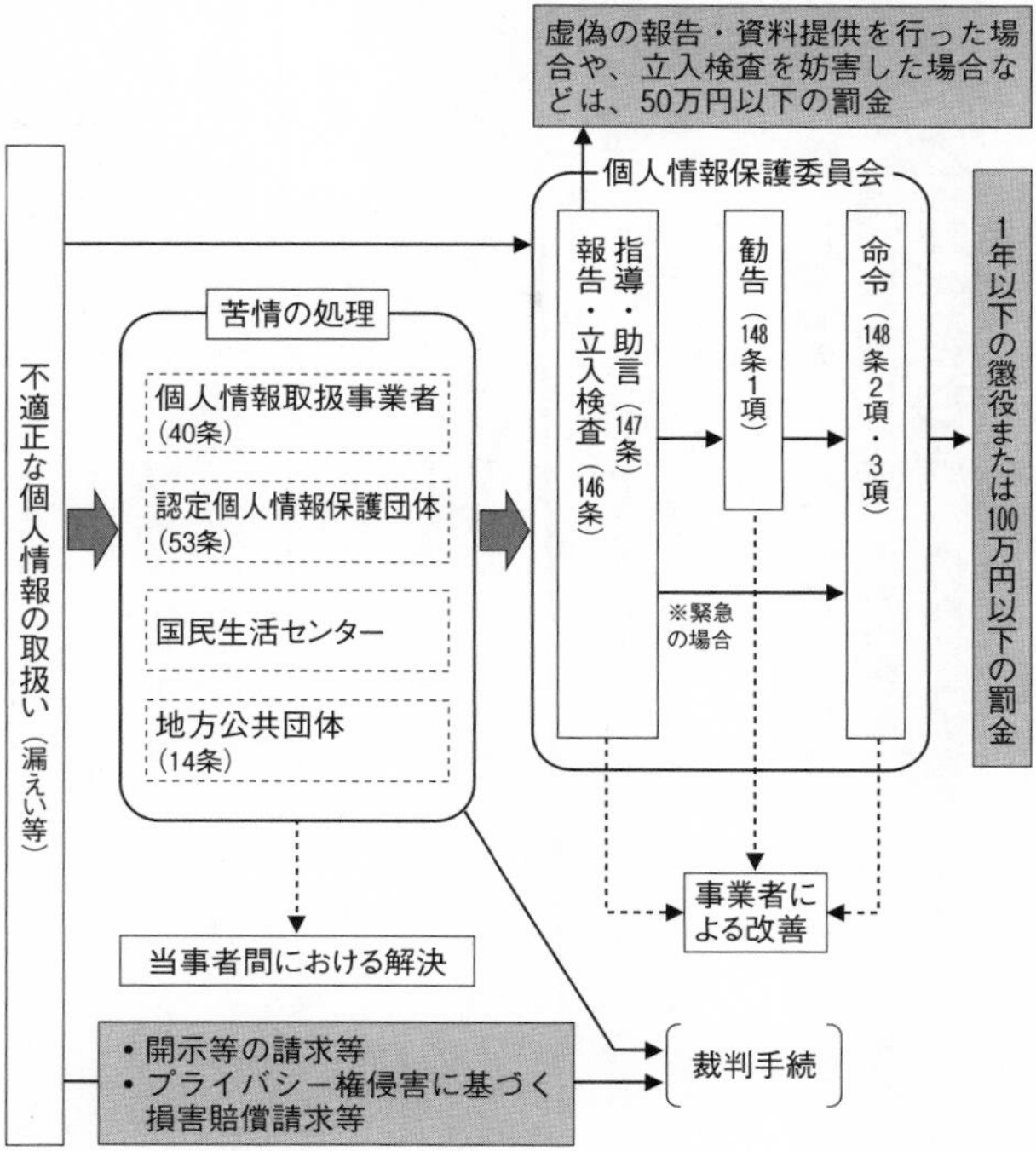

（出所）消費者庁『個人情報保護法の解説』を基に作成

(2)　苦情処理による解決の仕組み

この法律は、できる限り当事者間における自主的な解決に委ねるため、複層的な苦情処理制度を用意しています。その中心は、個人情報取扱事業者それ自身による苦情処理です。個人情報の取扱いに関する苦情の適切・迅速な処理や、それに必要な体制の整備に努めなければなりません（四〇条）。仮名加工情報

（四二条三項）や匿名加工情報（四三条六項・四六条）についても、苦情処理に関する努力義務が事業者に課されています。

顧客からの苦情処理は、一般にコールセンターなどによる電話対応が中心になります。事業者としては、CS（顧客満足度）の観点を含めて十分な対応が求められます。他方、苦情処理の過程で「なりすまし」による漏えい事故を起こさないよう、コールバックなどの方法での本人確認が必要な場面もあります。適正に対応できるように、事前に社内マニュアルを作って、窓口担当者をトレーニングしておくことが得策です。

しかし、当事者間の解決に委ねておくだけでは、交渉が行き詰まるおそれもあります。そこで、関連する団体が苦情処理をサポートする仕組みが導入されています。まず、「認定個人情報保護団体」が、本人の申し出に応じて苦情処理を担当します（五三条）。さらに、地方自治体も、苦情処理のあっせんその他必要な措置を講ずるよう努め（一四条）、そのため条例に苦情相談関係の規定を置き、その地方の消費生活センターに担当させる地方公共団体もあります。

このように、消費者としては、問題の事業者そのものに対して苦情を申し出られるだけでなく、地方自治体や認定個人情報保護団体の相談窓口などにも苦情相談することができます。また、国も、苦情処理を図るために必要な措置を講ずるものと定められています（一〇条）。

(3)　委員会の監督

苦情処理制度による解決は、あくまでも当事者間の話し合いにすぎませんので、うまく協議がまとまらない場合が予想されます。また、緊急を要するなどの理由で、当事者間での協議の積み重ねによる解決に委ねることが必ずしもふさわしくない場合もあります。

そこで、委員会が監督機関として、個人情報取扱事業者等に対し、報告・立入検査、指導・助言、勧告および命令を行うことができるものとしています（前掲図表４-４）。

まず、委員会は、この法律第四章（第五節を除く）の施行に必要な限度で、事業者から報告徴収や立入検査ができます（一四六条）。二〇二〇年改正で、当該事業者に加えて、関係者からも報告徴収などが可能になりました。調査に必要な場合があるからです。

次に、第四章の規定の施行に必要な限度で指導や助言ができます（一四七条）。行政指導です。これらは現に違反行為があったことを要件としていません。このため、違反行為の疑いにとどまる段階などでも、「施行に必要な限度」なら報告・立入検査、指導・助言の対象となります。他方で「必要な限度」に限りますので、委員会も不要な報告などを求めることはできません。

指導・助言そのものには法的拘束力がありません。そこで、指導・助言では問題が解決されそうにない場合のために、委員会による最終手段として、勧告・命令の制度（一四八条）が置かれています。勧告・命令は、指導・助言などを経ることなく行えますが、一定の違反行為があった場合で個人の権利利益保護のため必要なときに限られています。

勧告（一四八条一項）は一般に、事業者に対し、義務規定への違反を是正するために一定期間内に必要な是正措置をとるよう求めるものですが、それ自体には強制力はありません。しかし、正当な理由なく勧告に従わない事業者に対し、個人の重大な権利利益の侵害が切迫していることを条件に、委員会は勧告を受けた措置をとるよう命令できます（一四八条二項）。

このように、一般に命令は勧告に従わなかったときのみですので、「報告・立入検査→指導・助言または勧告→勧告に従わなければ通常の命令」というプロセスをたどることが通常です。

しかし、命令の前提として常に勧告を経なければならないとすると、短時間でも放置すれば重大な侵害を招くおそれのある義務違反に対して迅速な対処ができません。そこで、一定の重大な義務違反行為に限って「個人の重大な権利利益を害する事実があるため緊急に措置をとる必要があると認めるとき」は、勧告を経ることなく、委員会は緊急の命令を行えます（一四八条三項）。これを「緊急命令」といい、先の「通常の命令」と区別されます。

どちらの命令も、一般に、委員会が定めた期間内に違反行為の中止その他違反の是正に必要な措置をとるよう命じるものです。さらに、委員会が命令違反を公表できることを明確化する規定も設けられています（一四八条四項）。これによって消費者に対する注意喚起が図られ、事業者も公表による信用失墜をおそれることから命令違反への抑止的効果が期待されます。

委員会は、認定個人情報保護団体に対しても、その認定（四七条）だけでなく、報告徴収、命令、認定の取消しという監督権限を行使します（一五三条〜一五五条）。

(4) 罰則の対象になる場合もある

監督の実効性を確保するため罰則が設けられています。二〇二〇年改正で重罰化されました。命令に違反した者は、一年以下の懲役または一〇〇万円以下の罰金の対象です（一七八条）。報告・資料提出を怠った場合、虚偽の報告・資料提出を行った場合や立入検査を妨害した場合などは、五〇万円以下の罰金の対象になります（一八二条一号）。

どちらの場合も、法人（法人でない団体で代表者または管理人の定めのあるものを含みます）の代表者または法人もしくは人の代理人、使用人その他の従業者が、その法人または人の業務に関して違反行為をしたときは、行為者を罰するほか、その法人または人も処罰を受けます（一八四条）。これを「両罰規定」といいます。これは、虚偽報告などを行った担当者と並んで、その企業自体もともに処罰を受けるという意味です。一八二条違反の場合は五〇万円以下の罰金ですが、命令違反の場合は一億円以下の罰金刑として法人重科されています。

これに対し、指導・助言や勧告に従わない場合の罰則はありません。その場合には命令を経て、命令違反に罰則が下されます。その他の罰則については、各関係箇所で解説します。

第5章　「個人情報」に関する民間部門の義務

1　個人情報に関する義務の概要

「個人情報」について、個人情報取扱事業者はどのような義務を負うのでしょうか。主として五つの義務を負います。最初に概要を説明します（図表5－1）。

第一に、個人情報を取り扱うにあたり、利用目的をできる限り特定しなければならず（一七条）、第二に、こうして特定した利用目的の達成に必要な範囲内でのみ取り扱えます（一八条）。

第三に、個人情報の不適正な利用が禁止されます（一九条）。

第四に、個人情報を不正の手段により取得してはならず（二〇条一項）、とりわけ要配慮個人情報を取得する際には原則として本人の事前同意を得る必要があります（同条二項）。

第五に、取得する際に利用目的を本人に通知または公表する必要があります（二一条一項）。特に、本人から書面または電磁的記録で直接取得する場合には、あらかじめ明示することを要します（同条二項）。これを「利用目的の通知等」といいます。

これら以外にも、前述した個人情報取扱事業者が行う苦情処理に関する四〇条は、義務規定すべての実効性を確保するためのものなので、やはり最も広い個人情報を対象情報としています。さらに仮名加工情報・匿名加工情報への加工時なども後述のとおり義務を負います。

以上の義務に関する対象情報が、広く個人情報全般とされている理由は次のとおりです。

個人情報保護の法制は、前述のとおりコンピュータの普及がもたらす「データバンク社会」への危機感を背景として生成、発展してきた制度です。こうした経緯を踏まえて、主としてコンピュータ処理情報が保護対象として頭に置かれる傾向がありました。一般に「紙」の場合よりも大量処理、名寄せ（検索性）などが簡単になるのでリスクが増すからです。

しかし、最終的にはコンピュータ処理される予定の情報でも、取得される時点では、アンケート用紙など、いまだ紙や口頭の情報として取得されることがあります。そこで、この法律では、取得時における規制を中心に、個人データではなく個人情報全般を対象としています。

以上で概説した個人情報に関する義務について、次に詳しく個別に解説します。

に関する義務の概要

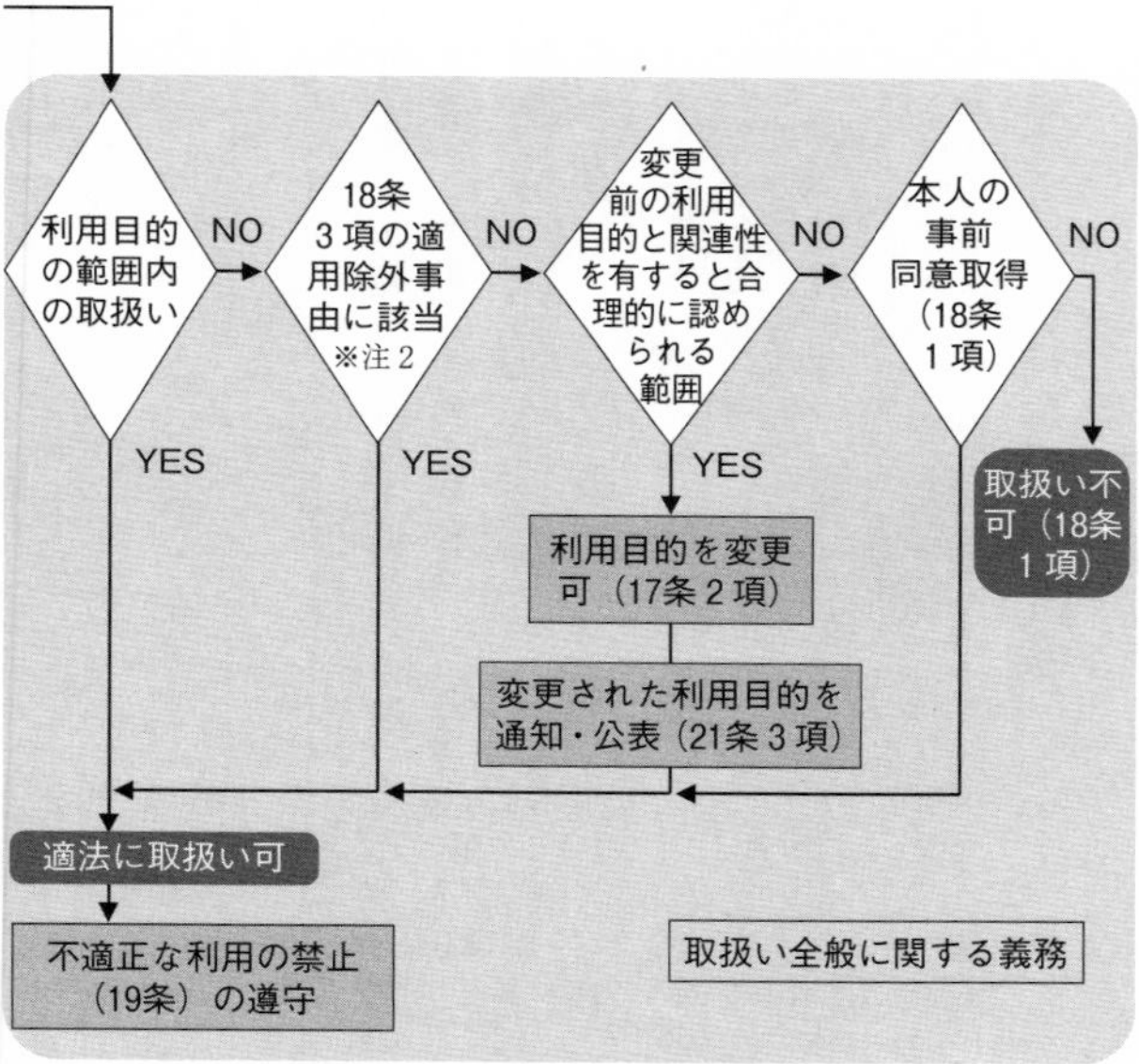

※注1　21条4項の適用除外事由

- 本人または第三者の生命、身体、財産その他の権利利益を害するおそれがある場合
- 当該個人情報取扱事業者の権利または正当な利益を害するおそれがある場合
- 国の機関または地方公共団体が法令の定める事務を遂行することに対して協力する必要がある場合で、通知・公表により当該事務の遂行に支障を及ぼすおそれがあるとき
- 取得の状況から見て利用目的が明らかであると認められる場合

※注2　18条3項の適用除外事由

図表5－4参照

図表5－1　個人情報

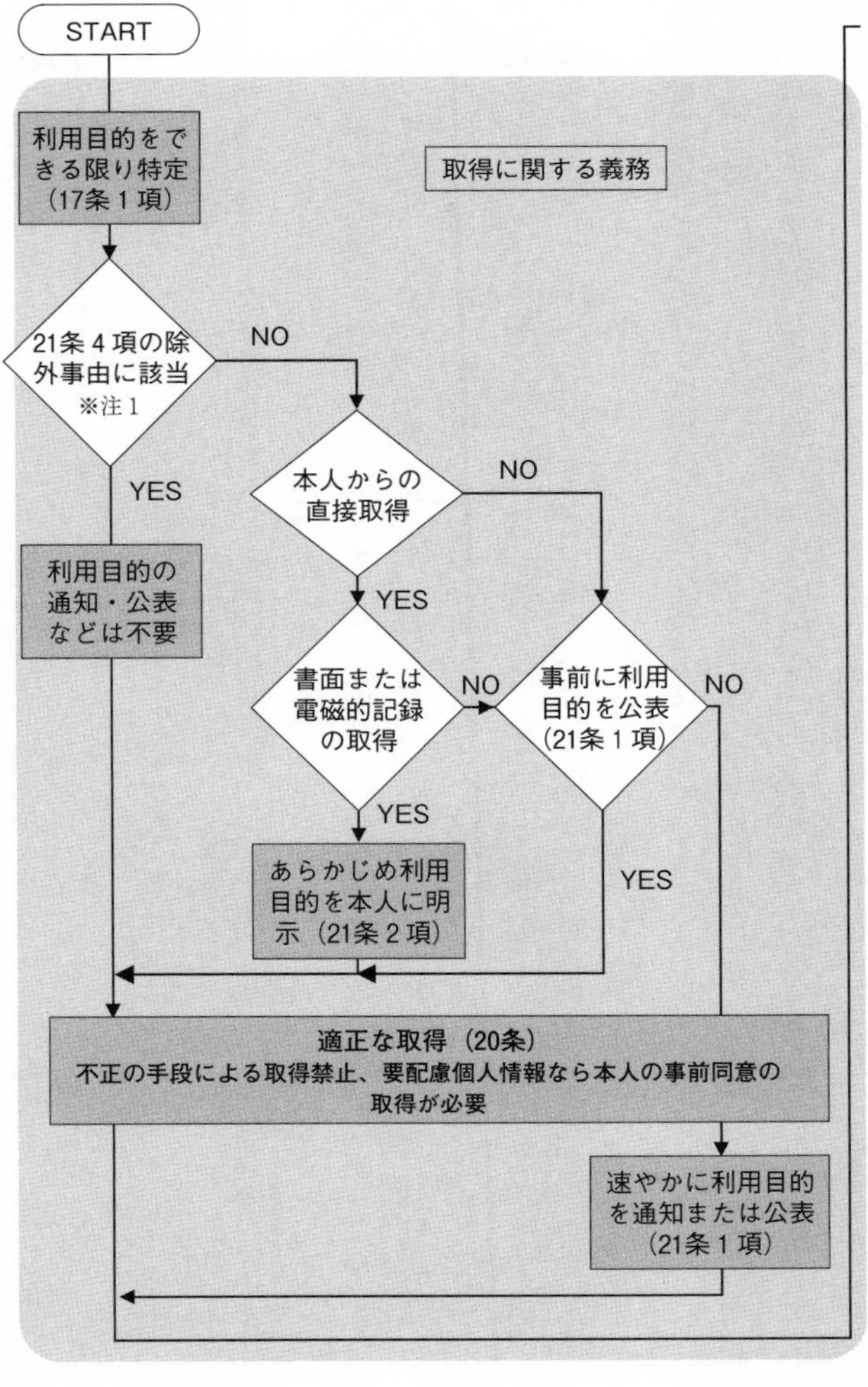
START
利用目的をできる限り特定（17条1項）
取得に関する義務
21条4項の除外事由に該当 ※注1
NO
YES
利用目的の通知・公表などは不要
本人からの直接取得
NO
YES
書面または電磁的記録の取得
NO
事前に利用目的を公表（21条1項）
NO
YES
あらかじめ利用目的を本人に明示（21条2項）
YES
適正な取得（20条）
不正の手段による取得禁止、要配慮個人情報なら本人の事前同意の取得が必要
速やかに利用目的を通知または公表（21条1項）

2　利用目的の特定

(1)　利用目的の特定とは

まず、個人情報を取り扱うにあたり、その利用目的を、できる限り特定しなければなりません（一七条一項）。どんな目的で利用するのか、事業者が内部で決定しておくという意味です。

この法律にいう「利用目的」とは、事業者がその個人情報によって最終的に達成しようとする目的のことを指しています。したがって、最終的に達成すべき目的だけを特定すれば足り、保管・編集などといった個々の取扱いごとの目的を細かく特定する必要はありません。第三者に提供することを目的とする場合は、その旨を特定しておくことが必要です。しかし、利用する個人情報の種類・内容や入手ルートの特定までは原則として求められていません。

特定すべき時期は、「個人情報を取り扱うにあたり」です。取扱いの第一歩は「取得」ですので、具体的な時期としては、取得時までに特定を完了していることが必要です。

「できる限り特定」するとは、それによって個人情報をどのような目的で利用できるのか、事業者が明確な認識を持てるとともに、本人が自己の個人情報がどのような事業の用に供され、どのような目的で利用されるのか想定できる程度に特定するという意味です。利用目的は、後述のとおり、本人に対して取得時に示されるものだからです。想定できれば足りますので、個別具体的な内容を詳細に網羅する必要はありません。

しかし、実際に個々の取扱いが利用目的の達成に必要な範囲内かどうかを本人と事業者が一般的かつ合理的に想定・判断できる程度の明確性を要します。そのため、単に「事業活動のため」「お客様サービスの向上のため」といった程度では、「できる限り特定」したといえません。

実際に、どの程度具体的に特定する必要があるかについては、取り扱われるべき個人情報の性質、事業の内容などによって異なりますが、一般的には「当社が発行する住宅地図の作成・販売のため」というように、個人情報を取り扱う主体（自社に限るか）、事業の種別、具体的な行為態様によって特定すればいいでしょう。特定する利用目的は複数でもかまいません。

顧客情報に限らず求職者・退職者情報を含めて雇用管理情報にも、利用目的の特定が必要です。

(2) 利用目的としてはいけない場合

利用目的は、できる限り特定されたものであれば、違法または公序良俗違反でない限り、その内容は原則として制限されておらず、事業者側で自由に決めることができます。

しかし、個別分野を対象とする法律の中には、一定の個人情報について特定の利用目的だけに利用できることを定め、それ以外の目的で利用することを一切禁止しているものがあり、この法律に優先して適用されます。

こうした種類の法律の具体例として、第一にマイナンバー法九条があります。マイナンバーの利用は、同条で許容されたものに限られます。そのため、事業者がマイナンバーの利用目的を特定できるのは、同条によって許容された範囲内に限られます。

第二に、割賦販売法三九条は、割賦販売業者等や信用情報機関が、信用情報を、利用者などの支払い能力の調査以外の目的による使用を禁止しています。他にも同様の法令があります。

これらの場合には、特定すべき利用目的の内容自体が法律で限定されていますので、本人の事前同意を得たとしても、法律が認めた範囲以外の利用目的で取り扱うことは許されません。

(3) 利用目的の変更

ひとたび特定した利用目的を事後的に変更することは、「変更前の利用目的と関連性を有すると合理的に認められる範囲」内の場合に限って認められます（一七条二項）。

取得後における新事業の展開などにともない、取得済みの個人情報について利用目的の事後的変更が必要となるケースがありますので、一切変更できないのも窮屈です。かといって、後で無制限に変更できるとすれば、利用目的を事前に特定することを義務付けた意味がなくなります。

そこで、限られた範囲なら本人の同意がなくても事後的変更ができるとしました。概要は図表5

図表5－2 利用目的の制限と利用目的の変更

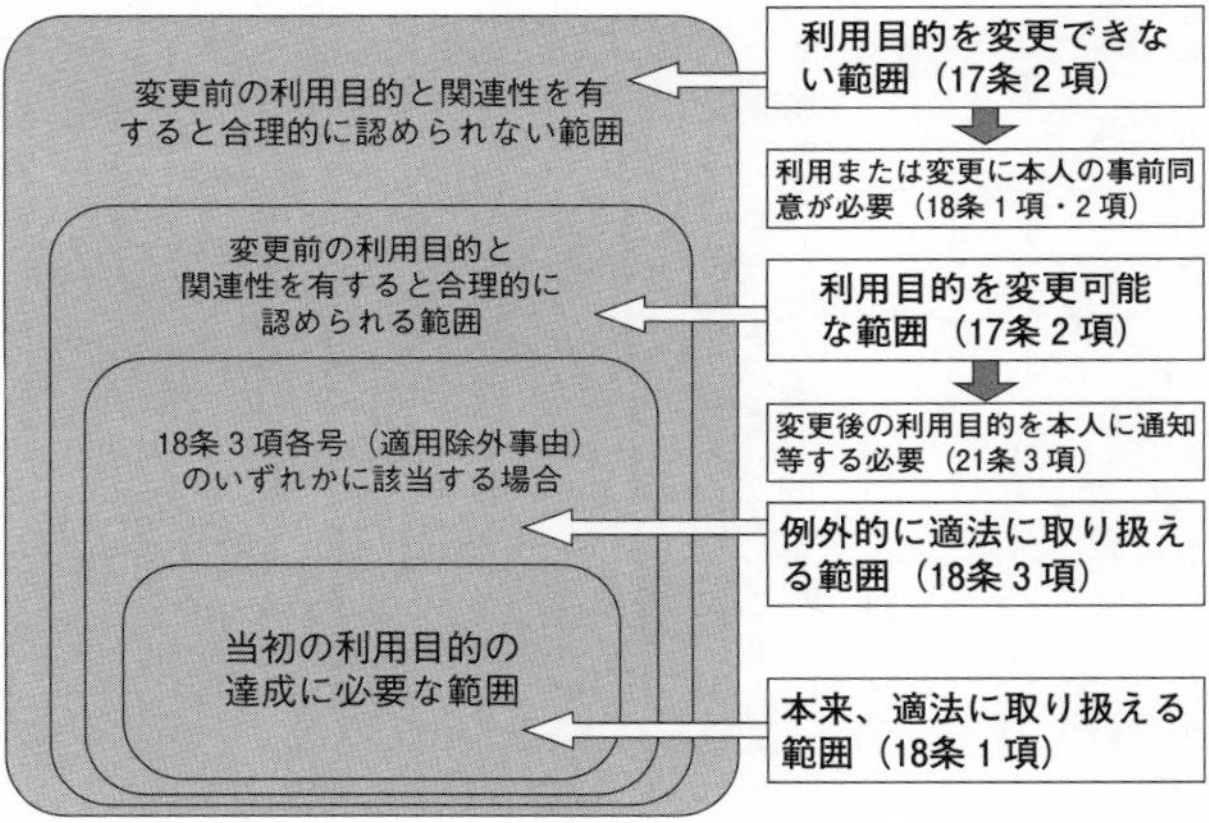

－2を参照してください。この範囲を超えて利用しようとする場合には、改めて本人の事前同意を得なければなりません（一八条一項・二項）。

二〇一五年改正で「相当の関連性」という一七条二項の文言が単に「関連性」となりました。改正担当者は、利用目的の変更可能な範囲を拡大するために改正したと説明しています。しかし、この改正後でも文言はあまりに抽象的なので、その意味はなおも漠然としていることに変わりがありません。したがって、後々になって変更できるかどうか悩むよりも、どのような利用目的が将来的に想定されるのか、漏れがないように、個人情報の取得に先立ち事業者内部の関係部署間で十分に検討しておくことが望ましいはずです。

変更された利用目的は、本人に通知または公表しなければなりません（二一条三項）。

3　利用目的による制限

(1)　利用目的による制限とは

第二に、特定された利用目的の達成に必要な範囲内でのみ、個人情報を取り扱えます（一八条一項）。したがって、求人の目的で求職者から受け取った履歴書情報を、販売促進の目的で自社取扱商品のＤＭ送付に利用するようなことは、本項違反となるので許されません。

現在では、大量に収集・取得されて蓄積された個人情報が、本人にとって思いもよらないような目的で取り扱われる機会が増えていますので、そうした目的外利用によって本人の権利利益が損なわれることを未然に防止しようとする趣旨の規定です（図表５−３）。

「取り扱う」とは、個人情報の利用に限らず、取得から廃棄に至るまでのプロセス全般を指しています。その中間に位置する編集・加工、保管、第三者への提供なども含まれています。このため、レンタルビデオ店が、レンタル会員登録を利用目的としているにもかかわらず、家族向けにＤＭを送付するため配偶者の名前その他の家族構成を申込書に記載させるなど、無関係な情報を取得することも許されません。そうしたいのなら、その旨をきちんと事前に利用目的に加えておく必要があります。それを見て嫌う人は会員にならずにすみます。

図表5-3 利用目的による制限と適法に取り扱える範囲

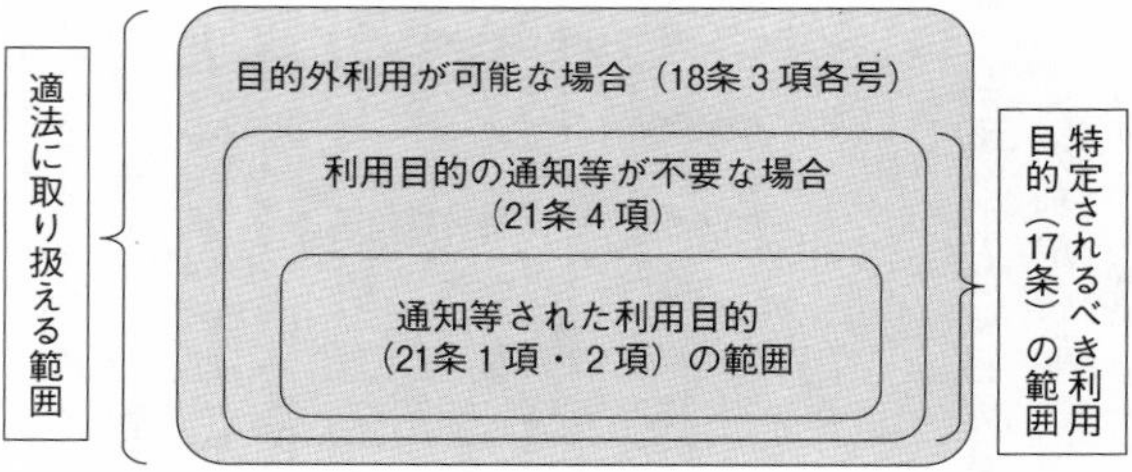

利用目的の達成に必要な範囲内でも、他の法律との関係で個人情報を取り扱えない場合があります。たとえば、メールアドレスが個人情報に該当する場合、この法律との関係に限れば、利用目的の範囲内であれば広告宣伝メールを送信できます。しかし、迷惑メール対策のため、特定電子メール送信適正化法と特定商取引法は、広告宣伝メールについてオプトイン制度（受信者の事前同意）とオプトアウト制度（受信拒否）を定めています。これらの法律も遵守が必要ですので、本人の事前同意を得るまで、原則として、当該メールアドレスを利用するなどして広告宣伝メールを送信できません。事前同意後にオプトアウト通知があった場合も同様です。特定商取引法三条の二・一七条も、契約を結ばない意思を表示した者への再勧誘を禁じています。

あくまでも本条は、個人情報保護法との関係で取り扱うことができる範囲を定めたものにすぎず、他の法令が課している義務を免除するためのものではないのです。

(2) 事業の承継と利用目的

次に、合併その他の事由により、他の個人情報取扱事業者から事業を承継することにともなって個人情報を取得した場合には、承継前における当該個人情報の利用目的の達成に必要な範囲内でのみ、個人情報を取り扱うことができます（一八条二項）。

最近では、厳しい企業競争を勝ち抜くために、合併、事業譲渡、会社分割などの方法により、企業や事業の再編が広範囲で進められています。こうした再編による事業承継にともなって、その事業の顧客情報など個人情報も同時に移転されることが一般的です。事業承継が困難になることを避けるために、移転について本人の事前同意を不要としています（二七条五項二号）。

しかし、それによって、本人の権利利益が侵害されるおそれが増加することを避ける必要があります。このため、一八条二項は、事業承継後の取扱いを承継前の利用目的の範囲内に限って認めることを条件とする趣旨の規定です。ただし、「変更前の利用目的と関連性を有すると合理的に認められる範囲」内なら、この場合も利用目的の事後的変更が可能です（一七条二項）。

(3) 目的外利用には本人の同意が必要

「変更前の利用目的と関連性を有すると合理的に認められる範囲」内であれば、いったん特定した利用目的を取得後に変更できること（一七条二項）、その場合には変更後の利用目的を本人に別途、通知・公表しなければならないこと（二一条三項）については先に説明しました。

これに対し、そうした変更可能な範囲を超えて目的外利用を行うためには、改めて事前に本人の同意を得る必要があります（一八条一項・二項）。そのため、先ほど述べた履歴書のケースで、どうしても求職者にDMを送りたいのなら、送る前にその求職者から同意を得ておかなければなりません。ただし、この同意を得る目的で、メール送信や電話をかけるために個人情報を利用することは目的外利用とならず、差し支えないと考えられています。

同意は、新たな利用目的を適法に付け加えるための条件です。利用目的は特定されたものでなければなりませんので（一七条一項）、「いかなる目的での利用についても異議を述べない」などのように事前に包括的な同意を取得することは許されません。

同意の取得方法は特には限定されていませんので、本人からの同意する旨の、①書面（電磁的記録を含む）の受領、②メールの受信、③確認欄へのチェック、④ウェブ上のボタンのクリック、⑤音声入力、⑥タッチパネルへのタッチ、⑦ボタンやスイッチなどによる入力が考えられます。さらに、⑧口頭でも差し支えありません。

いずれにしても、事業の性質や個人情報の取扱状況に応じて、本人が同意するかどうか判断するために必要な合理的かつ適切な方法によらなければなりません。後日紛争にならないよう、同意取得の事実を証拠として残すことが大切です。

図表5－4　本人の事前同意なしに目的外利用できる場合（18条3項）

号	事　由
1	法令（条例を含む）に基づく場合
2	人の生命、身体または財産の保護のために必要がある場合で、本人の同意を得ることが困難なとき
3	公衆衛生の向上または児童の健全育成の推進のために特に必要がある場合で、本人の同意を得ることが困難なとき
4	国の機関もしくは地方公共団体またはその委託を受けた者が法令の定める事務を遂行することに協力を要する場合で、本人の同意を得ることにより当該事務遂行に支障を及ぼすおそれがあるとき
5	学術研究機関等が、個人情報を学術研究目的（学術研究の用に供する目的）で取り扱う必要があるとき
6	学術研究機関等に個人データを提供する場合で、当該学術研究機関等が当該個人データを学術研究目的で取り扱う必要があるとき

本人に十分な判断能力がない場合は問題です。委員会は、一二歳から一五歳までの年齢以下の子どもであれば、保護者（法定代理人など）の同意を得る必要があるとしています。障害者本人に十分な判断能力がない場合、法定代理人（成年後見人など）が選任されていれば、法定代理人から同意を得る必要があります。障害福祉サービス事業所が障害者にサービスを提供するために、必要な範囲で要配慮個人情報の提供を受けるようなときは、法定代理人が選任されていない場合でも、「本人の同意を得ることが困難であるとき」「人の生命、身体又は財産の保護のために必要がある場合」（一八条三項二号）として、本人の同意は不要です。

マイナンバーは、本人の同意があっても目的外利用ができません（一八条一項のマイナンバー法三〇条による読み替え適用）。

(4) 本人の同意なく目的外利用ができる場合

一八条一項が定める「利用目的による制限」の適用除外事由を、同条三項各号が定めています。これらのいずれかに該当すれば、本人の同意がなくても目的外利用が許されます（図表５－４）。五号・六号は二〇二一年の改正で学術研究のために追加されました。

これは第三者提供の制限に関する適用除外事由を定めた二七条一項各号とほぼ同一内容です。第三者提供すること自体も利用目的の一種です。同項各号によって本人の同意なく第三者提供できる場合には、同時に本項各号で本人の同意なく目的外利用が認められなければ無意味になりかねません。目的外利用は第三者提供をともなうことが多くあります。そのため、両項各号においてほぼ同一の適用除外事由を規定したものです。ただし、両項は、その性格の違いを反映して、五号以下の内容がやや異なっています。

(5) 感染拡大防止を目的とした個人情報の取扱い

新型コロナウイルス感染爆発による最初の緊急事態宣言（二〇二〇年三月）の翌月、委員会は「新型コロナウイルス感染症の感染拡大防止を目的とした個人データの取扱いについて」を、よく寄せられる質問への回答とともに公表しました（その後に一部更新）。主として個人情報の目的外利用と、後述の個人データの第三者提供に関するものです。

国の機関などからの情報提供の要請が、当該機関などが所掌する法令の定める事務の実施のためのもので、事業者が協力しなければ当該事務の適切な遂行に支障が生ずるおそれがあり、かつ、本人の同意を得ることにより当該事務遂行に支障が生じるおそれがあるときは、当該事業者は、自らの判断で、本人の同意なく個人情報、個人データを目的外利用し、当該機関などに提供できるという趣旨です。国等に協力する場合にあたるという趣旨です。

保健所が、積極的疫学調査（感染症法一五条一項）のため、感染した社員の勤務中の行動歴の提供を事業者に依頼したときは、当該情報提供に本人の同意は不要としています。法令に基づく場合に該当するという趣旨です。

社内で感染者と濃厚接触者が出た場合、同一事業者内における個人データの提供は第三者提供にあたらないので、社内での個人データの共有には本人の同意は不要であり、目的外利用であっても、当該事業者内の二次感染防止や事業活動の継続に必要なら、本人の同意なく情報提供できるとしています。人の生命、身体または財産の保護に必要な場合に該当するという趣旨です。当該社員が接触したと考えられる取引先への情報提供も、同様の趣旨、また公衆衛生の向上に必要な場合には許されるとしています。

委員会と厚生労働省医政局は、「新型コロナウイルス感染症に係る医療機関間での個人情報の共有の際の個人情報保護法の取扱いについて」も公表しています。感染患者への医療提供のため、当該患者が転院する際、転院元の医療機関から転院先の医療機関への必要な個人情報の提供には、当該患者の同意を得る必要はなく、転院先の医療機関も、要配慮個人情報に関する本人同意取得の例外事由（二〇条二項二号・三号）に該当するとするものです。

4　不適正な利用の禁止

一九条（不適正な利用の禁止）は、違法・不当な行為を助長・誘発するおそれがある方法による個人情報の利用を禁止しています。急速なデータ分析技術の向上などを背景に、個人の権利利益保護の観点から放置できない方法で個人情報が利用されるケースが登場しているため、二〇二〇年の改正で新設されました。

現に、破産手続開始決定の公告として官報に掲載された破産者の個人情報を集約・データベース化してネット公開した「破産者情報サイト」の運営事業者に対し、当該サイトを直ちに停止するよう委員会が二〇二〇年七月に命令したという事件も発生しています。この命令は無断第三者提供などを理由とする停止勧告違反のケースですが、このような不適正利用それ自体を正面から禁止すべきことも事実です。そうした観点から、この規定が置かれました。

個人情報の「利用」といっても、違法・不当な行為を助長・誘発するおそれがある方法によるものに限られます。「不当」とは公序良俗違反のような場合です。「おそれ」は社会通念上蓋然性が認められるかという客観的要素と、利用時点における事業者の認識・予見可能性を基準に判断されます。具体例は、違法薬物の売人、ヤミ金業者、特殊詐欺業者に「見込み客情報」として提供する場合や、前述の「破産者情報サイト」のように違法な差別を誘発する場合です。違反すれば、委員会の処分に加えて、本人は利用停止等の請求ができます（三五条一項）。

5　適正な取得

(1)　不正の手段による取得の禁止

偽りその他不正の手段による個人情報の取得が禁じられています（二〇条一項）。個人情報の取得は、事業者が個人情報を取り扱う際の「入り口」にあたる段階です。この段階で不正が行われないように適法かつ適正な手段によるべきことを求めた規定です。犯罪行為その他違法な手段による個人情報の取得が許されないのは当然ですが、本人に対して利用目的を隠し、偽り、誤解させるなどして取得することも本項違反となります。

後述のように、個人データの第三者提供には本人の事前同意を取得する必要があります（二七条一項）。提供先の事業者は、提供を受ける際、当該個人データの取得の経緯などについて確認義務を負います（三〇条）。確認によって取得の経緯が不正であることが判明したにもかかわらず取得することは、本条の「不正の手段」に該当します。どう考えても個人では入手不可能な大量の顧客データを売りに来て、不正が強く疑われるような場合も同様でしょう。

どちらにせよ、信用を大切にする事業者としては、「君子危うきに近寄らず」の精神に立って、個人情報が不正取得された疑いのある名簿類には安易に手を出さないことが大切です。不正な名簿で荒稼ぎした名簿業者は早々と身を隠し、残された不用心な事業者だけが、委員会から処分を受けて社会的非難を浴びることになりかねません。

(2) 要配慮個人情報の取得制限

要配慮個人情報を取得するためには、原則として本人の事前同意が必要です（二〇条二項）。

要配慮個人情報の意味は、すでに第3章2節で説明しました。

取得に本人の事前同意を得ることが「原則」ですが、「例外」も設けられています（図表5－5）。この「例外」のいずれかに該当すれば、本人の事前同意を得ることなく、要配慮個人情報の取得が可能です。本人同意を得ることなく、目的外利用ができる場合（一八条三項各号）と五号までは同趣旨です。学術研究に特有のものとして、二〇二一年改正で五号とともに追加された六号は取得に特化したものです。七号（同年改正で一部変更）と八号は要配慮個人情報に特有の

図表5－5　本人の事前同意なしに要配慮個人情報を取得できる場合（20条2項）

号	事　由
1	法令に基づく場合
2	人の生命、身体または財産の保護のために必要がある場合で、本人の同意を得ることが困難なとき
3	公衆衛生の向上または児童の健全育成の推進のために特に必要がある場合で、本人の同意を得ることが困難なとき
4	国の機関もしくは地方公共団体またはその委託を受けた者が法令の定める事務を遂行することに協力を要する場合で、本人の同意を得ることにより当該事務遂行に支障を及ぼすおそれがあるとき
5	学術研究機関等が、当該要配慮個人情報を学術研究目的で取り扱う必要があるとき
6	学術研究機関等から当該要配慮個人情報を取得する場合であって、当該要配慮個人情報を学術研究目的で取得する必要があるとき
7	当該要配慮個人情報が、本人、国の機関、地方公共団体、学術研究機関等、57条1項各号の者その他委員会規則で定める者により公開されている場合 委員会規則で定める者は、次のいずれかに該当する者とする（施行規則） ・外国政府、外国の政府機関、外国の地方公共団体または国際機関 ・外国において57条1項各号に掲げる者に相当する者
8	その他前各号に掲げる場合に準ずるものとして政令で定める場合（施行令） ・本人を目視または撮影することにより、その外形上明らかな要配慮個人情報を取得する場合 ・27条5項各号の場合に個人データである要配慮個人情報の提供を受けるとき

ものであり、その具体例は、本人が雑誌のインタビュー記事で答えた場合、自分のSNSなどで公開した場合、国や自治体が職員の不祥事を記者発表したような場合です。

他にも、要配慮個人情報は、オプトアウト方式による第三者提供が許されず（二七条二項ただし書き）要配慮個人情報が含まれていれば、漏えい等の報告等（二六条）の対象となるとして施行令が定めています。本条違反は、保有個人データであれば利用停止等の請求の対象です（三五条一項）。

6 利用目的の通知等

(1) 通知等の義務

個人情報を取得する際には、一七条に基づき事前に特定しておいた利用目的を、あらかじめ公表しておくか、取得後、速やかに本人に通知または公表しなければなりません（二一条一項）。

現代社会では、さまざまな目的で、いろいろな方法を用いて個人情報が収集されるケースが増えています。しかし、それがどのような目的に使われるか不明確な状態に置かれると、本人としては不安になって当然です。この通知・公表制度によって、どのような目的で自分の個人情報が取り扱われるのか、取得時に知ることが可能になります。それによって不安が和らげられ、利用状況に対して必要な注意を払って適切に対応するための契機にもなります。

この義務は「取得」が対象です。本人確認のため身分証明証の提示を受けた場合、それを単に閲覧するだけなら「取得」といえません。これに対しコピーをとる場合には「取得」となります。

一般に「通知」とは、本人に直接知らせるという意味です。知らせるための具体的な手段として、①文書を直接渡すこと、②口頭や自動応答装置等によること、③電子メール、FAXなどで送信、または文書を郵送することなどの方法が想定されています。

「公表」とは、広く一般に知らせるという意味です。具体例として、①自社ウェブ画面への掲載、②自社の店舗や事務所のように顧客が訪れることが想定される場所へのポスターなどの掲示、パンフレット等の備置き・配布といった方法があります。

「通知し、又は公表」と定めていますので、事業者は、どちらか一方の方法をとればすみます。本人に知らせるためには、公表よりも本人に直接通知する方法のほうが確実性は高いはずです。しかし、通知を優先すると膨大な通知が行き交い、大量に通知を送りつけられる本人としても迷惑です。そのため、二つの方法の間に優劣が設けられませんでした。

いくらこの法律で認められた通知だとしても、よく知らない事業者から郵便や電子メールが一方的かつ大量に送りつけられてくるのも困りものです。「通知するためだ」といっても、メールアドレス、住所や電話番号を聞かれるだけで不愉快に感じる人も多いはずです。

これに対し、公表にはこうした問題がなく、事業者にとっても、あらかじめウェブ画面に掲載しておけば確実です。それに、迷惑メール対策などのため、すでにメールアドレスが変更されており、送信してもリターンメールとなって返送される場合も少なくありません。

したがって、事業の性質や個人情報の取扱状況に応じて、通知と公表とを、その具体的な内容を含めて合理的かつ適切に使い分けることが大切です。たとえば、従業員の個人情報の利用目的であれば、大きな企業の場合、全従業員向けに電子メールを送信するシステムを完備しているケースも少なくありません。

福利厚生関係などの利用目的について、社外の人間すべてが閲覧することのできるウェブ画面で公表するよりも、こうしたシステムで電子メールを従業員向けに送信するほうが、従業員にとっても勤務先である事業者にとっても、より望ましい方法であるはずです。

(2)　本人からの直接書面取得

以上の例外として、本人から書面で個人情報を直接取得する場合には、利用目的を単に通知・公表するだけでは足りず、あらかじめ本人に明示しなければなりません（二一条二項）。

本人から直接取得する場合には、事業者が直接本人に利用目的を告げる機会があり、その際に本人が自分の個人情報を提供するかどうかを適正に判断するためにも、確実にその本人に伝達することが適切であるという理由に基づいています。書面による場合に限った趣旨は、書面で入手した個人情報はデータベース化される可能性が高く、個人情報の流通にともなう危険も大きいので、取得時に本人の慎重な判断の機会を確保することを要するからです。

本項の典型例は、各種の契約書、申込書、アンケート用紙、懸賞応募用紙、調査票等に本人に記入してもらうことによって個人情報を取得するようなケースです。従業員からマイナンバーカードの写しなどの交付を受けてマイナンバーを取得するような場合も、本項に該当します。

本項の「書面」には、「電子的方式、磁気的方式その他人の知覚によっては認識することができない方式で作られる記録」（電磁的記録）を含みます。二条一項一号が「以下同じ」と規定しているからです。最近では、インターネットを活用した電子商取引などの進展にともない、ウェブサイトの画面上で顧客に個人情報を入力してもらい、画面上の送信ボタンを押すという方法によって個人情報を受け取るケースが増えています。このような場合には、入力の際に利用目的を閲覧することができるように画面表示を行うなど、明示するための措置が必要となります。顧客から電子メールで個人情報を受け取るような場合も同様です。

「明示」とは、本人が明確に認識できるように示すことをいいます。「あらかじめ」明示する必要がありますので、書面の受領後に、利用目的を記載したパンフレットを交付するような場合にはこの要件を満たしません。金融指針は、事業者が与信事業における利用目的を明示する書面に確認欄を設けることなどにより、本人の同意をとることが望ましいとしています。

この明示は、人の生命、身体または財産の保護のために緊急を要するときは不要です（二一条二項ただし書き）。これは本人が急病で緊急治療のため事前に明示するだけの時間的余裕がないような場合には、わざわざ事前に明示しなくても足りるという意味です。この場合には、本条一項が定める原則へと戻り、当該利用目的を事前に公表している場合を除き、症状が一段落した時点のように、緊急事態が落ち着き次第、速やかに通知する必要があります。

(3)　証拠を残す

ところで、事業者としては、事後にトラブルが発生した場合に備えて、きちんと通知・公表などをしたことについての証拠を残しておく必要があります。

そのため、書面に利用目的を明記しておくなどの工夫が求められます。具体的には、アンケート用紙に記入してもらうときは、当該用紙に利用目的を印刷しておく方法が考えられます。メーカーが購入者から製品に同梱したユーザー登録ハガキを返送してもらうときは、利用目的を取扱説明書に明記する方法、説明文を同梱する方法などもよいでしょう。雑誌の綴じ込みカタログ請求用ハガキを投函してもらうときは、当該雑誌ページに利用目的を明記する方法があります。証拠を残す必要があるのは、明示だけでなく通知・公表の場合も同じです。

図表5－6　利用目的の通知、公表等が不要な場合（21条4項）

号	事　由
1	本人または第三者の生命、身体、財産その他の権利利益を害するおそれがある場合
2	当該個人情報取扱事業者の権利または正当な利益を害するおそれがある場合
3	国の機関または地方公共団体が法令の定める事務を遂行することに対して協力する必要がある場合で、利用目的を本人に通知・公表することにより当該事務の遂行に支障を及ぼすおそれがあるとき
4	取得の状況から見て利用目的が明らかな場合

これらの書面は、後日に備えて保管しておくことになります。ウェブページに利用目的を掲載した場合には、事後の更新によって従来のウェブページデータが消失してしまわないように、更新時に従前のデータをコピーやプリントアウトをして保存しておくなどの対応方法が有用です。ここでも、自社が採用する方法を、事前に社内マニュアル化しておくことが得策です。

(4)　通知・公表などが不要な場合

以上のような利用目的の通知・公表などを行う義務には、例外が設けられています（二一条四項）。具体的には図表5－6のとおりです。これらに該当する場合には、通知・公表はもとより、本条二項の書面直接取得における事前の明示も不要となります。

この中でよく用いられるのが、四号の自明の利用目的（自明目的）にあたる場合です。一般の慣行として名刺を交換する場合、書面によって、直接本人から、氏名・所属・肩書・連絡先などの個人情報を取得することになります。その利用目的が面談した取引に関する今後の連絡のためというような場合は四号に該当し、その限りでは利用目的の明示が不要になります。しかし、受け取った名刺を、無関係なＤＭ送付の目的に使うことは自明目的に該当しません。その場合、名刺を受け取る前にＤＭを送付することを明示するか（二一条二項）、それとも受け取った後でＤＭを送付してもいいかどうか、本人に同意を求める必要があります（一八条一項）。

また、電話で出前を受け付けて、届け先の住所、氏名を聞くような場合も、自明目的にあたります。この場合にも、届け先の住所、氏名に宛てて出前を届けるだけでなく、ＤＭを送ろうとするような場合には自明目的の範囲を外れますので、別途、本人の同意取得を要します。

第6章　「個人データ」に関する民間部門の義務

1　「個人データ」とは何か

この法律では、取り扱う情報が「個人データ」に該当するときには、「個人情報」に関する義務にプラスして、さらに多くの義務が個人情報取扱事業者に課せられています。

これまで述べてきたとおり、個人情報を個人情報データベース等に組み込むと、事業者が取り扱う際に便利になる半面、大量漏えいの危険など本人の権利利益に対するリスクが大きく高まります。個人データに関する義務が適用される場面は一般に取得後のものですので、個人情報データベース等に組み込むかどうか、取得時と違って未定の状態でもありません。このため、単なる個人情報にくらべて、個人データの場合には新たな義務が付け加えられているのです。

「個人データ」とは、「個人情報データベース等を構成する個人情報」をいいます（一六条三項）。つまり、①個人情報であること、かつ、②それが個人情報データベース等（同条一項）を構成するものであることの二つの点が要件となっています。

「個人情報データベース等」の意味は、すでに第4章2節⑵で説明しました。いわゆる電子データベースだけでなく、「紙」の名簿、紳士録書籍なども含まれています。そのため、「個人データ」にも、その語感と異なり、「紙」をはじめ、電子データ以外の情報も含まれます。

その一方、利用方法から見て個人の権利利益を害するおそれが少ないものとして政令で定めるものが「個人情報データベース等」から除外されています（同条一項カッコ書き）。これによって除外されるもの（市販の電話帳、住宅地図、職員録、カーナビなどをそのまま使う場合）は、要件②を満たさないので個人データにも該当せず、個人データに関する義務の対象になりませんが、個人情報に関する義務の対象になる場合もあります。

2 個人データに関する義務の概要

個人データを対象とする個人情報取扱事業者の義務は、次の三類型に大別されます。

第一に、正確で最新の内容に保ち、不要となったときは遅滞なく消去するよう努めなければな

図表6－1　個人データに関する義務の概要

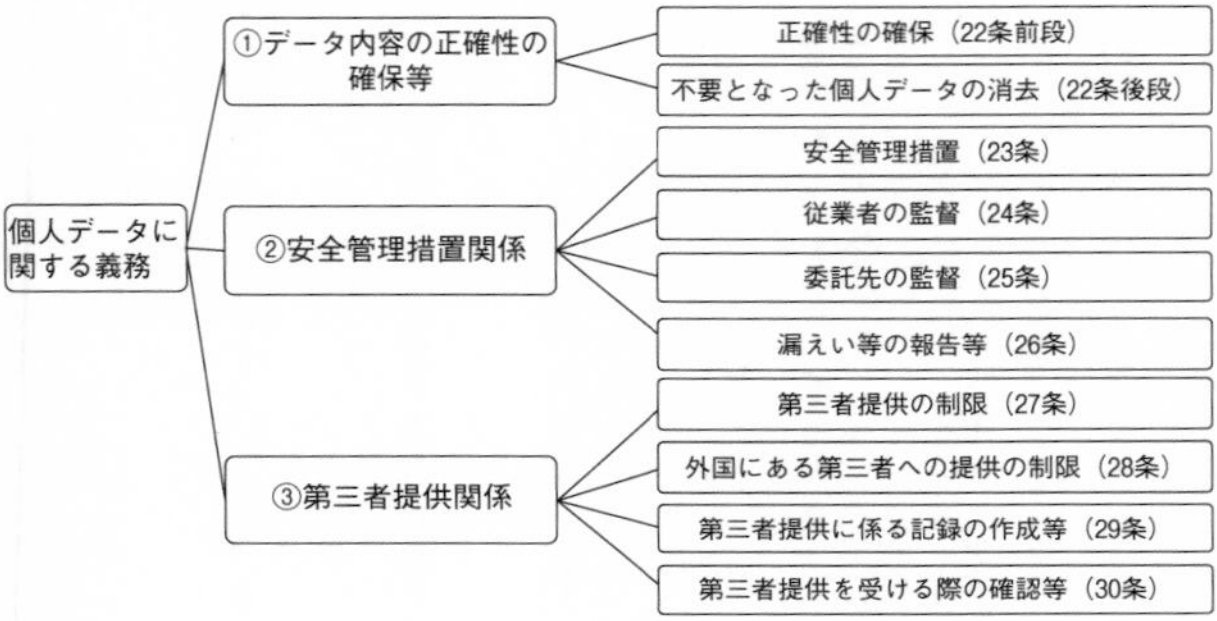

りません（二二条）。これを「データ内容の正確性の確保等」といいます。

第二に、安全管理のために必要かつ適切な措置を講じ（二三条）、そのため、従業者と委託先を監督することを要します（二四条・二五条）。これらは個人データのセキュリティを図るべき義務であり、「安全管理措置」と呼ばれています。重大な漏えい等のおそれが生じたときは、委員会に報告するとともに、本人に対して通知する義務を負います（二六条）。

第三は、「第三者提供」に関する義務です（二七条～三〇条）。まず、第三者に提供するためには、本人の事前同意を得なければなりません（二七条）。さらに、外国にある第三者に提供するためには、参考情報を提供して、外国にある第三者への提供を認める旨の本人の事前同意を得なければなりません（二八条）。提供元と提供先は、第三者提供記録の作成・保存義務を負います（二九条・三〇条）。

これに関連して個人関連情報の第三者提供の制限等（三一条）も置かれています。整理すると図表6－1となり、以下、これらの義務を順に説明します。

3 データ内容の正確性の確保等

(1) 二二条が求めていること

二二条は、①利用目的の達成に必要な範囲内で、正確かつ最新の内容に保ち、②不要となったときは遅滞なく消去するよう努めなければならないとしています。①が「データ内容の正確性の確保」、②が「等」にあたります。以下、①②の順で説明します。

(2) データ内容の正確性の確保

まず、①のデータ内容の正確性の確保は、正確・最新の内容に保たれなかったことに起因して、本人が不利益を被ることを未然に防止するために定められたものです。かつて「宙に浮いた年金記録」「消えた年金記録」が社会問題になったことがありましたが、まさに正確性が損なわれたことが原因でした。

他方で、不正確なデータ内容が原因で、実際に裁判沙汰となったケースもあります。たとえば、

ⓐ信用情報機関が誤って別人の破産情報をクレジット会社に流したため破産者と「人違い」され、経営している会社が取引を断られたケースで、名誉・信用を損なったとして信用情報機関に賠償を命じた大阪地裁平成二年五月二一日判決、ⓑ延滞中の債務者と似た名前の人に、間違えて支払いを催促する一方、誤った情報を信用情報機関に流し、この人からの苦情によって「人違い」が判明した後も、この人に再び支払うよう督促をした大手の消費者金融に対し賠償責任を認めた京都地裁平成一五年一〇月三日判決があります。

不正確な個人データによって本人が受ける不利益は、金融機関の場合だけに限られません。たとえば、カルテの記載ミスは投薬ミスなどによる医療過誤に直結するおそれがあります。

本条によって正確かつ最新の内容に保つ必要があるのは、明文で「利用目的の達成に必要な範囲内」に限定されています。本人が不利益を受けるおそれが生じるのは、通常あくまでも利用目的との関係で必要がある場合に限られるからです。

具体例として、会員制サービスを実施している企業が、誰が現在の会員なのかを特定する目的で会員名簿を作っているケースを考えてみましょう。この場合には、氏名の記載漏れや誤記が判明したときや、新たな入退会者が発生したときには、それに即して正確で最新の内容へと迅速に更新する必要があります。それを怠れば、誤って会員がサービスを受けられない事態が生じます。逆に、退会後であるにもかかわらず会費を請求されて困る人が現れます。

これに対し、特定の○○年度における会員を記録する目的の会員名簿を作った場合はどうでしょうか。当時の会員について記載漏れや誤記があれば訂正を要しますが、翌年度になって、新たに入退会者が発生しても、「○○年度会員名簿」の内容を変更すべきではありません。むしろ、そうした変更をすれば、○○年度に在籍した会員の記録内容として不正確となります。

このように、何が正確なのか、利用目的の内容次第で異なります。こうした理由から、「利用目的の達成に必要な範囲内」という限定が付けられています。

(3) 不要となった個人データの消去

次に、本条は、本来の利用目的を終えて不要となった個人データを遅滞なく消去するよう努めるものとしています。前記②です。ユーザーサポート用の個人データについて当該サポート期間が終了した場合や、利用目的としていた事業を業態転換で廃止したような場合です。

不要となった個人データは手間暇や費用をかけて更新する値打ちもなければ必要もありませんので、わざわざ手を入れて正確・最新の内容に保つことと相容れません。個人データが使えるのは利用目的の範囲内に限られますので（前述の一八条参照）、当該利用目的にとって不要となった個人データを漫然と放置することを正当化できる理由もないはずです。消さずに放置したままにしておくと、漏えいなど安全管理に支障が生じるおそれもあります。このような理由から、この「消去」規定が設けられています。

しかし、業法や税務関係などの法令では一定期間の保存義務が法定されています。いくら本来の利用目的との関係で不要になったとしても、法令遵守のためには、こうした法定保存義務に違反してはなりません。こうしたケースは「法令に基づく場合」にも該当するので、例外的に目的外利用が認められます。したがって、より正確には、利用目的との関係で不要になり、かつ、定められた法定保存期間の満了時点から、遅滞なく消去するよう努めるべきことになります。

とはいえ、単にゴミとしてポイ捨てするだけでは、第三者に拾われて悪用されるおそれが残ります。そのため、「消去」は安全に行われる必要があり（後述の二三条参照）、復元できない手段で廃棄・削除することが必要となります。これが「消去」ということの意味です。

具体的には、紙なら焼却、溶解、復元不可能な程度に細断可能なシュレッダーの利用という方法があります。ハードディスク、ＳＳＤ、携帯メモリーのような記録機器類なら、復元されないようにデータ完全消去専用ソフトの利用、物理的・磁気的に破壊する方法があります。

消去記録を保存し、これらの作業を委託する場合には、委託先が確実に消去したことを、証明書をもらって確認すれば万全です。さもないと、速やかな消去を怠った疑いが払拭できず、紛失との区別も困難となりますので、外部漏えいの疑いが残りかねません。

(4)　努力義務

本条の義務は努力義務にとどめられています。

まず、前記①の正確性の確保が努力義務とされた理由ですが、何が正確で最新の内容なのかを確認しようとしても、事業者が必要なデータを常に入手できるとは限りません。たとえば、店舗のポイントカード会員が最近引っ越しによって住所変更したときは、その会員から連絡を受けなければ、店舗側としても確実に知るすべがありません。「おそらく世田谷方面に引っ越したはずだ」という噂話を聞いても、その内容が本当に正確で最新か、断定できない場合が通常です。内容が事実と異なるときは、本人には訂正等の請求権がありますので（三四条）、それを使えば訂正等をしてもらえます（この請求権については後述します）。

次に、前記②の消去も努力義務です。事業者は、多様な利用目的で個人データを取り扱っています。このため、利用目的を終えて不要となったといえるか、必ずしも明らかでない場合も多いからです。不要な保有個人データは利用停止等の請求対象となることがあります（三五条五項）。ただし、税務申告用の帳簿書類など関係するデータの法定保存義務の遵守も必要です。

ちなみに、マイナンバー法における特定個人情報の保管禁止義務（同法二〇条）は利用終了時の消去義務を含んでいますが、単なる努力義務ではなく、正規の法的義務とされており、違反行為は勧告・命令などの対象となります。この場合には、同法一九条各号の個別列挙された場合に該当するかどうかで保管の可否が決まりますので、一般の個人データとくらべて消去すべき場合が明確です。換言すれば、特定個人情報に該当するときは、他の法令に基づく法定保存期間内であるような場合を除き、保管が許されず、消去しなければ違法になります。

個人情報保護法に話を戻しますと、以上のような理由から、本条の義務は、いずれも努力義務にすぎず、違反しても委員会による勧告・命令の対象にはなりません。

しかし、事業者側のミスによって個人情報が不正確となったことが原因で本人が損害を受けたような場合には、前述のとおりプライバシー権侵害にあたるなどとして、本人から責任を追及されるケースがあることは無視できない事実です。不要なのに消去せず放置していたため漏えいしたような場合も同様です。しかも、プライバシー権侵害の責任は、その情報が個人データである場合に限定されていません。このように個人情報データベース等に組み込まれているかどうかを問わず、プライバシー権侵害となることがある以上、注意が必要なのです。

4　安全管理措置

(1)　安全管理措置に関する義務

二三条から二六条までの四カ条は、個人データの「安全管理措置」について定めています。

まず、二三条は、個人情報取扱事業者に、個人データの漏えい、滅失、き損の防止その他の安全管理のために必要かつ適切な措置を講じる義務を課しています。さらに、安全管理に関し、二四条は従業者に対する監督義務を、二五条は委託先に対する監督義務を、それぞれ定めています。従業者と委託先に対する監督は、後述のとおり安全管理のために不可欠ですので、もともと安全管理措置の内容に含まれるべき性格のものです。そのため、二四条と二五条は、二三条に含まれる内容を念のために確認した規定にすぎません。二六条は「漏えい等の報告等」を定めています。

「安全管理措置」と聞いても意味がピンとこない人が多いかもしれません。むしろ「セキュリティ管理措置」という言葉を使ったほうが、一般的にはわかりやすいようです。一般にセキュリティは、取り扱う情報全般を対象としていますが、管理措置を講じることは法的義務とされてきませんでした。これに対し、本条は、対象情報を個人データに限定して、そのセキュリティ管理措置を講じるべき法的義務を課したものと位置付けることができます。

最近では個人データの大量漏えい事件が頻発しています。こうした事件は、管理している事業者が適切なセキュリティ管理措置を講じていなかったことに起因していることが通常です。特に個人情報がデータベース化されているような場合には、内部者などが大量の情報を簡単に持ち出すことができる半面、ひとたび漏えいが起これば、被害規模は広範囲に及びます。サイバー攻撃被害も多発しています。そこで、この法律でも、安全管理措置の対象は、単なる個人情報ではなく、個人情報データベース等に含まれるもの、つまり個人データを対象にしています。

(2) 漏えい事件の多発化・大規模化

宇治市住民基本台帳データ漏えい事件が、この法律が制定される直接の契機の一つとなったことは前述しました。改めて振り返ると、この事件以前から、わが国では数万人以上に及ぶ大規模な個人情報漏えい事件が繰り返し発生して、ときには裁判沙汰になっていました。この法律の施行後も、漏えいは、多発化が加速するとともに大規模化の一途をたどっています。

ところで、大量データを紙に印刷された形で一度に持ち出そうとすると、人の手では無理で、運搬車が必要です。運搬車で下の階まで何往復もすれば、人が見とがめます。裏口から軽トラックに積み込もうとすると、警備員に阻止されるなど大変なことになります。

ところが、こうした大量のデータでも、USBメモリーなど携帯用の媒体にコピーすれば、ポケットに入れて持ち出せます。さらに、スマホなどでネットを使えば、媒体を何も持ち出すことなく外部に送信できます。しかも、残業を装って隣に人がいない状態で作業すれば、何をしているのかまったくわかりません。スマホやパソコンを操作すれば、こうして周囲の人が知らない間に膨大な情報を簡単に持ち出せる時代になっています。

その一方で、日本年金機構の事件はネット経由の標的型サイバー攻撃によるものでした。ウイルス感染ファイル付きメールを、知人になりすまして送り付けるという手口です。ランサムウェアでデータを使えなくして「身代金」を要求する事件も増えています。サイバー攻撃は国外からネット経由で行われることが大半ですので、捜査にも限界があります。いまやサイバー攻撃の脅威が、質・量ともに高度化・深刻化しているのです。

(3)　講じるべき具体的措置の内容

問題は、事業者が講じるべき具体的な措置の内容です。本条は「安全管理のために必要かつ適切な措置」と規定するだけで、具体的な基準を示していません。

その内容は、一律に定まる性質のものではありません。本人が受ける権利利益の侵害の大きさ、事業の性質、取扱状況に起因するリスク、日進月歩のＩＴ・ＩＣＴの特質などを踏まえて日々刻々と変化するものです。たとえば、〝究極の個人情報〟と呼ばれる遺伝子情報と、電話帳に記載されている程度の内容のデータにすぎない場合をくらべると、講じるべき安全管理措置の要否と内容は異なって当然です。紙媒体の場合にはロッカーでの施錠管理、電子媒体の場合にはパスワード設定など、取り扱う媒体の性質でも異なるはずです。

委員会の通則指針は、講じるべき安全管理措置の内容を具体化して、①組織的安全管理措置、②人的安全管理措置、③物理的安全管理措置、④技術的安全管理措置について、その全部または

図表６−２　安全管理措置

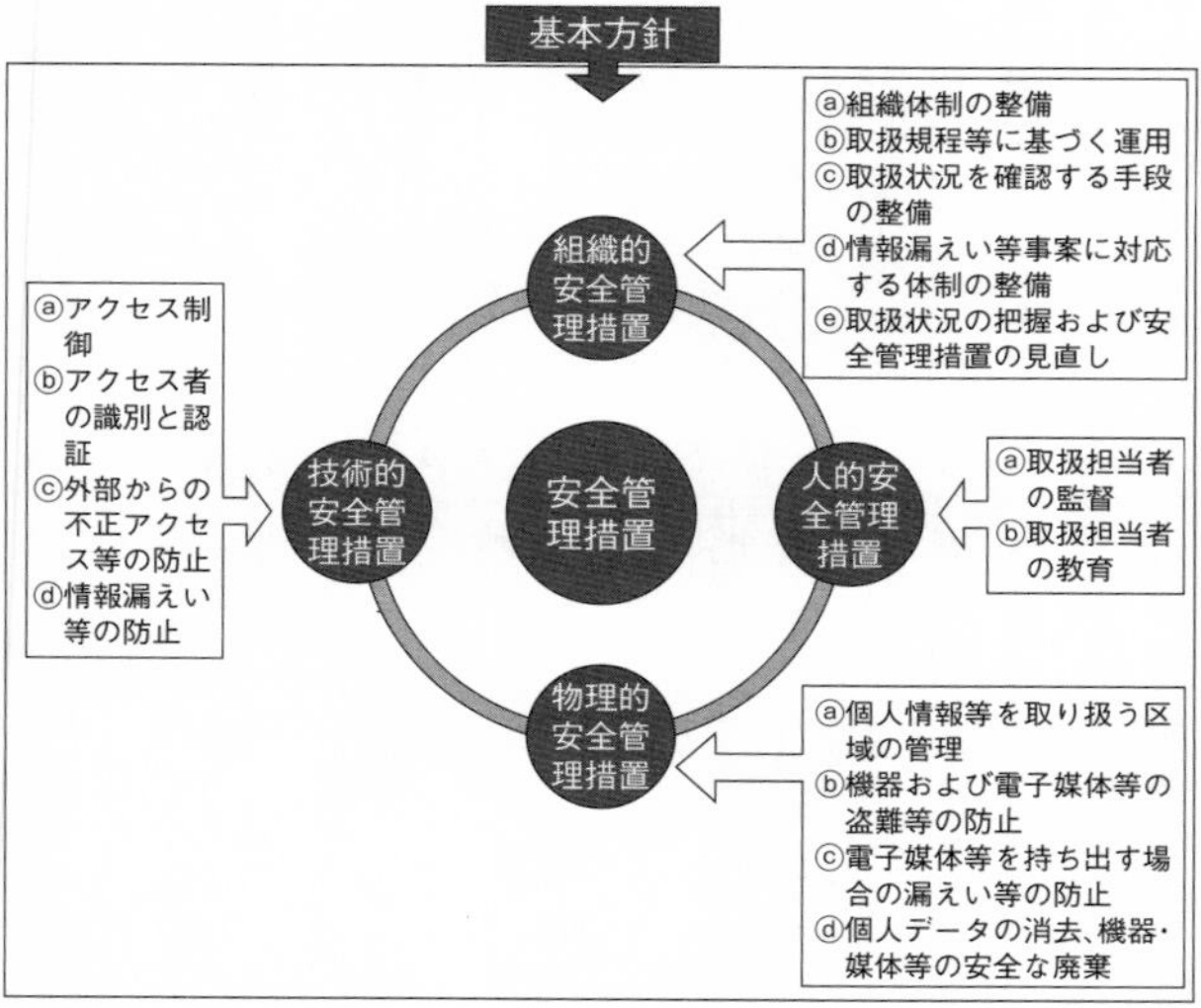

一部を講じることを求めています（図表６−２）。ただし、中小規模事業者については、この法律の義務が改正によって新たに課されることになったこととの関係で、過大負担とならないよう、講じるべき措置の内容が通則指針によって軽減されています。

漏えい事件を発生させた場合、本条違反として委員会から勧告、命令などを受けるだけでなく、前述のとおりプライバシー権侵害として損害賠償請求を受けることになります。したがって、しっかりした安全管理措置が、いまや企業活動にとって不可欠となっているのです。

(4) 漏えい事故などが発生した場合の対応

重大な漏えい事故などが発生したおそれが判明したときは、委員会に報告するとともに、本人に通知する義務を負います(二六条)。二〇二〇年改正前には、強制力のない指針が定めていたので任意でしたが、同年改正で重大な漏えい等に限って新たに義務化されました。漏えい等した個人データの性質・内容、漏えい等の態様、漏えい等の事態の規模等を考慮して、個人の権利利益に対する影響が重大な事態を対象として事業者が要否を判断できるよう、明確かつ簡便な基準を施行規則で定めています(図表6-3)。高度な暗号化その他の個人の権利利益保護に必要な措置を講じた個人データは対象外としています。報告事項は図表6-4のとおりです。

漏えい等が発生した際の委員会への報告は、速やかに行う必要があります。その半面、原因や再発防止策など、把握に時間を要する内容も報告に含める必要があります。これらの要請を満たす報告を一度に行うことは実際上困難です。そのため、施行規則では、事実関係を十分に把握できていない場合が想定される段階の「速報」と、原因や再発防止策も含めて報告を求める「確報」の二段階の報告としており、「確報」は当該事態を知った日から三〇日(不正アクセスなど故意によるものは六〇日)以内です(期限が土日、祝日、年末年始閉庁日なら翌日)。

報告義務を負うのは、事故を起こした事業者ですが、委託先から漏えいした場合には、委託先から委託元への連絡を条件に、委託先の報告義務が免除され、委託元からの報告へと一本化され

図表6－3　26条1項によって報告義務を負う場合（施行規則）

号	次のいずれかの個人データの漏えい等が発生した事態（おそれを含む）
1	要配慮個人情報が含まれる場合
2	不正に利用されることにより財産的被害が生じるおそれがある場合
3	不正の目的をもって行われたおそれがある場合
4	本人の数が1,000人を超える場合

図表6－4　26条1項による報告事項（施行規則）

号	事　項
1	概要
2	漏えい等が発生し、または発生したおそれがある個人データの項目
3	漏えい等が発生し、または発生したおそれがある個人データに係る本人の数
4	原因
5	二次被害またはそのおそれの有無と内容
6	本人への対応の実施状況
7	公表の実施状況
8	再発防止のための措置
9	その他参考となる事項

ます（二六条一項ただし書き）。重複を避けて委託元の報告に一本化するためです。

この場合、漏えい事業者から本人に対する通知も、あわせて必要です（同条二項）。通知を受けた本人が事態を認識して、その権利利益保護のための措置を自らとることができるようにするためです。通知事項は図表6－4の一号、二号、四号、五号と九号です。

ただし、本人への通知が困難な場合には、本人の権利利益を保護するため必要なこれに代わるべき措置をとる必要があります（同項ただし書き）。本人の連絡先が不明な場合や、現在の転居先が不明な場合などに、当該事業者のウェブページ上で公表して、本人による被害確認のための相談窓口の連絡先を掲載するようなケースが想定されています。マイナンバー法や次世代医療基盤法にも、「漏えい等の報告」規定が置かれました。

こうした措置とは別に、プライバシー権を侵害されたとして、被害者となった本人から損害賠償請求を受けることがあります。しかも、データ化された情報は大量化が容易である半面、持ち出しも簡単になりますので、賠償額が莫大になるおそれがあります。賠償請求に至る前に漏えい事業者が金券などを配布するケースがありますが、それにしても何十万人以上の規模の漏えい事件では億単位の額になってしまいます。しかも、金券を配布したからといって、賠償請求を受けるおそれがなくなるものではありません。どちらにせよ、企業の存立基盤すら危うくする事態が想定されるのです。

一人あたりに対する賠償額は比較的低い額なので、裁判沙汰になるおそれは少ないという考え方も、かつては唱えられていました。ところが、最近の事件では、ネット上で提訴を希望する被害者を募集して、それに応じた被害者らが集団で提訴するというケースもあります。個人情報保護法によって消費者の権利意識が高まる一方、サイバー攻撃などによる漏えい被害の規模も増大していますので、こうした方法での集団訴訟が今後増えていく可能性があります。

こうした事態に至ることがないよう、事業者としては、常日ごろから適切な管理措置を講じておく必要があります。もちろん、日ごろから事業者として万全を期しているつもりであっても、残念ながらセキュリティに〝完全〟という言葉はありません。しかもＩＣＴは日進月歩の状態ですので、新たな脅威の出現はとどまることを知りません。

予見困難な事態によって結果責任を問われることは不合理です。他方で、事業者が「事故が起こるまで何も管理措置を講じていませんでした」というのでは無責任です。監督機関も重い処分とせざるをえません。漏えい被害者から利用停止等の請求も受けます（三五条五項）。

事業者としては、日常から常識的な管理策を講じていて初めて、不幸にして事故が起こっても、少しでも関係者の理解を得ることが可能になるのです。

その一方で、万一の事態に対処するため、日常から「危機管理計画」「事業継続計画」を立てるとともに、ＣＳＩＲＴ（Computer Security Incident Response Team）と呼ばれるセキュリティ事故対策のための社内組織を、事前に構築している大手企業も増えています。

さらに、個人情報漏えい保険、サイバー保険などに加入しておくことにより、適正なリスクの分散を図っておくことも必要です。

(5) 漏えいと刑事責任

刑法の窃盗罪や業務上横領罪の客体は「他人」の「財物」や「物」です。ところが、自ら持参した媒体にデータをコピーして持ち出した場合、媒体そのものは犯人自身のものなので、「他人」のものとはいえません。また、「財物」や「物」とは有体物の意味ですが、データそのものは無体物にすぎません。そのため、これらの罪に問えません。

大量の顧客データの漏えい事件で、書類のコピー四枚という「紙切れ」の業務上横領罪で有罪とした裁判例も過去にはありました（都市銀行事件の東京地裁平成一〇年七月七日判決）。しかし、単なる「紙切れ」の持ち出しをとらえて懲役刑に処するというのでは、本末転倒です。重要なのは情報そのものであって、「紙切れ」自体は価値がないに等しいからです。「紙切れ」のような媒体が誰のものであったかによって、罪になったりならなかったりするのも、あまりにも形式的にすぎます。社内からネット送信した場合もこれらの罪の対象外です。有体物を中心に作られてきた伝統的な刑法が、デジタル社会にマッチすることなく現在に至っていることを象徴する事件でした。

そのため、悪用の危険が高いクレジットカード情報については、割賦販売法の二〇〇八年改正によって、その不正漏えい行為が新たに罰則の対象となりました。また、自己の利益を図り、または他人に損害を加える目的で営業秘密を不正漏えいする行為なども、不正競争防止法の二〇〇九年改正で処罰対象になりました。これにより、勤務先が機密にする顧客名簿を、嫌がらせの目的で従業員がネット掲示板に貼り付けるような行為を処罰する道が開けました。

二〇一四年には、大手教育産業から顧客データ数千万人分が漏えいしたという事件が発覚しました。委託先の従業者が悪意で顧客情報を持ち出して、名簿業者に売却したというものでした。本件は不正競争防止法の営業秘密侵害罪の容疑で有罪となりました（東京高裁平成二九年三月二一日判決）。顧客情報が秘密として管理されていたので、この罪に問えました。個人データ全般について当時の個人情報保護法に直罰規定がなかったので、別の法律に頼らざるをえなかったのです（さらに不正競争防止法の二〇一五年改正で処罰範囲が転得者を含むと拡大）。

(6) 個人情報データベース等不正提供罪の新設

こうした状況を打破するため、二〇一五年改正で個人情報データベース等不正提供罪が新設されました。個人情報取扱事業者もしくはその従業者またはこれらであった者が、その業務に関して取り扱った個人情報データベース等を自己や第三者の不正な利益を図る目的（図利目的）で提供または盗用したときは、一年以下の懲役または五〇万円以下の罰金とするものです（一七九条）。個人情報データベース等には、その全部または一部を複製または加工したものを含みます（同条カッコ書き）。したがって、実質的には個人データがこの罪の対象となります。

この罪が成立するためには図利目的が必要です。名簿業者に不正に売却して換金するために持ち出すようなケースが想定されています。事業者が本人同意を得るなど適法な手続きを経て第三者提供すること自体は、二七条・二八条で認められています。そのため、「不正な利益を図る目的」を要件とすることで、適正な絞りをかけようとしているのです。先に述べた営業秘密侵害罪と違って、勤務先の信用失墜を図ることを目的に持ち出すような「加害目的」が規定されていませんが、「盗用」に該当する場合もあります。

この罪には包括的な適用除外規定（五七条）は及びません。同条は「第四章の規定は、適用しない」と定めるだけであって、一七九条が置かれた第八章（罰則）の適用を除外していないからです。したがって、報道機関が報道用に保管する個人情報データベース等を、その従業者が換金のため持ち出したような場合にも、この罪は成立します。

行政機関等の個人情報ファイル不正提供罪も、二年以下の懲役または一〇〇万円以下の罰金と定められています（一七六条）。こちらは図利目的ではなく正当な理由の有無が基準です。

5　従業者の監督

⑴　なぜ従業者に対する監督が必要か

二四条は、取り扱わせる個人データの安全管理が図られるよう、従業者に対する必要かつ適切な監督を行う義務を定めています。

個人データがIT・ICTによって取り扱われることが当たり前になっている現在、先に述べた技術的安全管理措置のように、情報システムをはじめ「機器類」を整備することは、確かに安全管理を図るために有効かつ不可欠な方法です。しかし、どれだけ念入りに整備しても、結局のところ、それを実際に事業者の組織内で扱っているのは内部の「人間」にほかなりません。

以上の趣旨から、安全管理措置について、本条では特に従業者に対する監督義務を定めています。主として、先に述べた人的安全管理措置に対応しています。

委員会は、この法律について各年度の「施行状況の概要」を公表してきました。その中に、現実に発生した漏えい事件の分析結果が掲載されています。これによると、見知らぬ外部の「ハッカーの犯行」は比較的少数であり、むしろ委託先と並んで、従業者など内部者に起因するケースが圧倒的に多いという実情が明らかにされています。

前述の分析結果は、従業者が故意に持ち出したケースよりも、不注意で漏えいしたケースがほとんどであるとしています。具体的には、顧客情報入りのカバンを電車の網棚に置き忘れるなどして紛失したケースや、車内に大切なデータ入りカバンを放置したまま駐車していたところ、車上荒らしなどで盗難被害を受けるというケースが大半です。

ややもすると、漏えい事件はハイテク機器を駆使している企業が起こすものだと誤解されがちです。しかし、漏えい原因として圧倒的多数を占めるのは、日常業務の中で、いつ発生してもおかしくないような従業者の「うっかりミス」です。現実の事案はローテクが大半ですので、従業者に起因して、どの事業者が、いつ漏えい元になっても不思議ではないのです。

その一方、紙であれば運搬車が必要なほど大量のデータを、電子データ化すれば何ギガバイトでも簡単に媒体をポケットに入れて持ち運べる時代が訪れたことは前述しました。このため、気をつけなければ簡単に紛失してしまいます。電子メールの添付ファイルとして、何メガバイトものデータをマウスのクリック一つで送信することも可能です。誤送信すれば、またたく間に大量漏えいにつながります。さらに最近ではウェブサービスの設定ミスで、社外に漏れてはならない個人データがネット上で「公開」状態になる事件も発生しています。

急速に進んだ技術革新によって、いわば個人の身の丈を超える情報やサービスを、従業者は仕事で日常的に取り扱っていることになります。大手の金融機関などになりすましたフィッシングメールやウイルス添付メールも頻繁に送りつけられてきます。こうした現実と、それを取り扱う従業者の意識のズレが、先に紹介した大量漏えい事件を招いているのです。

(2) 「従業者」とは

ところで、ここで「従業者」とは、個人情報取扱事業者の組織内にあって、直接間接に事業者の指揮監督を受けて事業者の業務に従事している者をいいます。

雇用関係にある従業員（正社員、契約社員、嘱託社員、パート社員、アルバイト社員など）だけでなく、役員（取締役、執行役、理事など）や、受け入れている派遣労働者も含めた意味です。このような理由により、一般に用いられている「従業員」という言葉と区別するため、わざわざ「従業者」という聞き慣れない言葉が使われています。

かつて日本社会は、正社員による終身雇用制が主流で、勤務先への強い帰属意識が特徴でした。ところが、終身雇用制が崩壊して、雇用流動化へと労働環境が劇的に変化し、企業に対する帰属意識が希薄化していることは、残念ながら否定できない事実です。さらに、コスト削減を目的としたパート、アルバイト、派遣労働者など非正規雇用の増加がそれに拍車をかけています。こうした変化が、従業者による漏えい事件が多発する要因となっています。その一方では、経営陣が自ら不祥事を起こす事態も後を絶ちません。

これらすべての者を含んだ「従業者」という聞き慣れない言葉の背後には、こうした現実が見え隠れしています。

(3) 「必要かつ適切」な監督――指針が示す基準

どのような措置を講じれば、従業者に対する「必要かつ適切」な監督を事業者が果たしたといえるのでしょうか。こちらも、一般論としては、二三条の場合と同様に、ケースバイケースで総合的に検討されるべき性格のものです。

具体的な措置の内容について、法文では示されていませんが、委員会の通則指針は、講じるべき措置の内容として、個人データを取り扱う従業者に対する教育、研修などの内容や頻度を充実させることを例示して、それは個人データが漏えい等をした場合に本人が被る権利利益の侵害の大きさを考慮し、事業の規模・性質、個人データの取扱状況（取り扱うデータの性質や量を含む）などに起因するリスクに応じるとしています。

他にも改正前の各主務大臣の指針が、内部規程（内部ルール）の整備、誓約書の徴収、ルールの遵守状況を適正に点検確認することを骨子としてきたことが参考となります（図表6－5）。

このうちの内部規程は、取扱規程の策定を通じた従業者の役割・責任等の明確化という意味ですが、それを策定する際には、労働法令が定める手続きを遵守することが必要です。不幸にして事故が発生した場合に適正な懲戒処分が可能か、懲戒規程との関係でも検討を要します。そうでなければ、いざというときに役立たないばかりか、逆にコンプライアンス（法令等遵守）違反を理由に労働基準監督署からお叱りを受けることになりかねません。

とはいえ、いくら内部で立派な規程を設けても、これを実際に従業者が守らなければ「画に描いたモチ」で終わってしまいます。そのため、日ごろから、遵守状況の点検（確認）と並んで、

図表6－5　従業者の監督

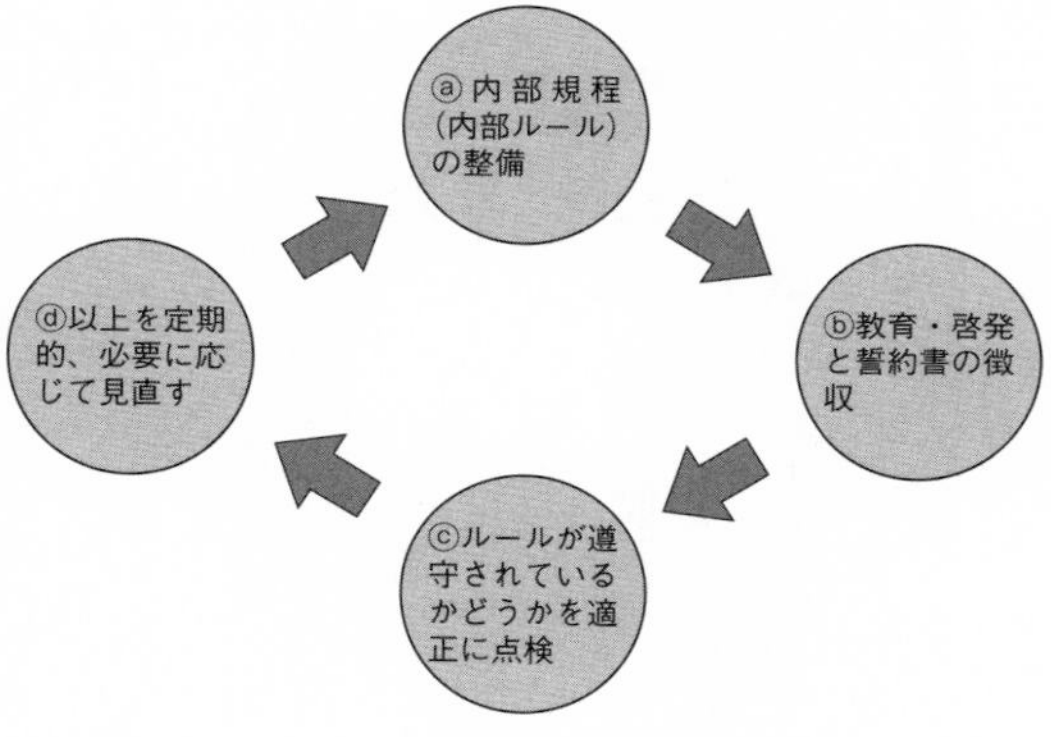
ⓐ内部規程（内部ルール）の整備
ⓑ教育・啓発と誓約書の徴収
ⓒルールが遵守されているかどうかを適正に点検
ⓓ以上を定期的、必要に応じて見直す

従業者への教育、研修などが必要となります。従業者に「やっていいこと、悪いこと」の意味が十分に理解されていなければ遵守意識は醸成されず、前述した〝意識のズレ〟も解消できません。ギャップを埋めるための教育が必要とされる理由です。

さらに最近では、日本年金機構事件のような標的型サイバー攻撃も横行しています。特効薬がない状態ですので、この攻撃に擬したメールを送りつけるという実地訓練を実施するケースもあります。従来者の自覚を促すため、誓約書の提出も有用な方法です。

(4) 派遣労働者の管理

本条の「従業者」には、受け入れた派遣労働者も含まれます。しかし、正社員などと違って、派遣労働者から誓約書を徴収しようにも、違反した場合に派遣先事業者が派遣労働者に懲戒処分を加えるための前提となる労働契約関係がありません。たとえば、派遣先が給与を直接支払っているわけでもないのに、減給処分をすることは論理的に不可能です。

そのため、①派遣先・派遣元間で締結する派遣契約の特約として、派遣元が派遣労働者から誓約書を徴収する義務を課し、②それに基づいて派遣元が派遣労働者から誓約書を徴収しておくという方法を採用する事業者が増えています。誓約書を提出した派遣労働者だけを派遣するという特約をつけているケースもあります。

この方法によれば、派遣労働者が誓約内容に違反したときは、派遣元が懲戒処分を加えることができ、派遣先としても派遣元そのものの責任追及が容易になります。さらに、派遣先・派遣元間の事前協議で決定した内容の個人情報保護教育を受講した派遣労働者だけを派遣先へ派遣できるという特約を結んで、啓発活動の実施を確保しようという派遣先もあります。

(5) 社内モニタリング

従業者を監督するために、比較的大きな企業では、日常的に従業者のメールその他のアクセス状況を監視したり、サーバ室その他の重要部門に監視カメラを設置したりするなどの管理策が講じられることが少なくありません。これを社内モニタリングといいます。

こうした手段による個人情報の取得は、利用目的達成に必要な範囲内でなければならないこと

図表6－6　社内モニタリングの要件

①　モニタリングの目的（取得する個人情報の利用目的）を事前に特定し、社内規程に定めて従業者に明示
②　モニタリングの実施に関する責任者とその権限を定める
③　モニタリングを実施する場合には、事前にモニタリングの実施について定めた社内規程案を策定し、事前に社内に徹底
④　モニタリングの実施状況が、適正に行われているか確認

は当然ですが、一つ間違えると、逆に従業者のプライバシーを侵害するものとして問題視されるおそれがあります。現に、メールモニタリングを受けた従業者が侵害にあたると主張して裁判紛争に発展した事件（東京地裁平成一三年一二月三日判決・同地裁平成一四年二月二六日判決）もあります（ただし裁判所は損害賠償責任を否定）。

このような見地から、委員会はモニタリングを実施する場合の留意点として、Q&Aで図表6－6の四点を示しています。その際、個人情報の取扱いに関する重要事項を定めるときは労働組合等に事前通知し、必要に応じて協議を行うこと、その重要事項を定めたときは、労働者等に周知することが望ましいとしています。

(6)　持ち込み私物機器の管理も難問

従業者の職場持ち込み私物機器に起因する漏えい事件も、これまで多発してきました。裁判紛争となったケースとして、北海道警の巡査が、警察署に持ち込んでいた私物パソコンに被疑者の捜査関係文書ファイルを入れたまま自宅に持ち帰ってネットに接続したところ、インストールされていたファイル交換ソフトがコンピュータウイルスに感染していたことが原因で、このファイルがネット流出したという事件があります。

本件で第一審判決（札幌地裁平成一七年四月二八日判決）は、被疑者のプライバシー権を侵害したとして慰謝料の支払いを自治体に命じました。これに対し、控訴審判決（札幌高裁同年一一月一一日判決）は賠償責任を否定しました。自宅でのパソコン利用による漏えい事故は、自家用車で職務外の交通事故を起こした場合と一緒であって、職務行為といえないという理由でした。

しかし、この事件の本質は捜査資料を適正管理していたといえるのかという問題です。私的な交通事故と同視できません。無理にでも自動車のケースにたとえるなら、いわば捜査資料を持ち帰って自家用車に積んだまま放置したあげく、ミスのため紛失してしまったケースといえるでしょう。こう考えると、控訴審判決よりも第一審判決の立場のほうが納得感があります。

それはさておき、北海道警は、①私物パソコン職場持ち込みの事前許可制、②私物パソコン内蔵ハードディスクへの職務データの保存禁止、③私物パソコン持ち帰り時における内部担当者によるチェック制という内部ルールを定めていました。

一見すると合理的なルールのように見えますが、本当にそうなのでしょうか。考えてみれば、①については、適正な許可基準を具体的に定めることができるのか、上司に持ち込みの適格性をチェックするスキルがあるのか、問題があります。②にしても、最近のパソコンには一般にフロッピードライブなど付属していません。内蔵ハードディスク代わりに携帯メモリーに保存すると、小さすぎて紛失の危険が高まります。みだりに私物パソコンを内部ＬＡＮに接続させることも危険です。いったいどうやってデータを保存せよというのでしょうか。

最大の問題は③です。本業のため多忙な中で、何百ギガバイト、ともすれば何テラバイトもある内蔵ハードディスク上の膨大なデータをどうやって短時間でチェックするのか、専用ツールを使っても困難です。担当者にそのスキルがあるとも限りません。

こうして見ると、問題の本質は、実効性に乏しい無理なルールを対策としていたことにあります。現に本件では②と③は遵守されておらず、それを理由に第一審判決は責任を認めました。

この事件が与えた教訓は、内部ルールを定める以上、実効性のある内容でなければならないという点です。守れないルールなら定めた意味がないばかりか、守られていなかったことを理由に事故発生時の責任が重くなり、かえって逆効果です。これは民間企業の場合も同様です。

事故発生時の責任の重さを考えると、こうしたルールではなく、むしろ私物機器の職場持ち込みと職務利用の禁止をルール化するほかないはずです。私物機器は企業側に管理権がないので、ウイルス対策ソフトなど、どのようなソフトをインストールすべきか、あるいはインストールしてはならないか、内部ルールによるコントロールは困難です。事故発生時や内部監査の際に管理者が機器内部をチェックしようとしても、従業者から所有権やプライバシーを理由に拒絶されるおそれもあります。

企業支給の業務用機器なら企業側に管理権がありますので、こうした問題を回避できるうえ、私用も禁止できます。従業者の私用や私的連絡は、職務専念義務も考慮すると、勤務時間外に社外で私物機器によるべき事柄であり、それで十分なはずです。

端末機器の価格が低下している現在、以上の点を踏まえ、各都道府県警や中央省庁だけでなく、民間の大企業も私物パソコンやタブレットの職場持ち込みを禁止する流れにあります。

スマホの持ち込み規制はさらに難物です。誰でも常に私物スマホを携行していて当然だからです。社内データの持ち出し防止のため社内システムからのコピーを制限するソフトも販売されています。しかし、ユーザーの利便性を名目として次々に新たなプロトコル（通信手順）やネットサービスが設けられるので、後追い状態で対策を講じるというイタチごっこが続かざるをえません。大手教育産業事件は、それに対する対応の困難さを浮き彫りにしました。こうした重大事件が起きて新たな問題が浮上するたびに、その後に求められるセキュリティ対策の水準も高度化・多様化することになります。コロナ禍でのテレワークへの対応も課題です。

(7) 従業者の監督は個人情報の取扱い全般を対象に

ところで、実際に社内で個人情報の取扱い全般を担当しているのは従業者です。その一方、明文規定のある安全管理措置だけに限らず、この法律全般に関する従業者による違反行為について事業者は責任を負います。こうして考えると、事業者として従業者を監督すべき事項は、個人情報の取扱い全般でなければならないはずです。

その意味で、こうした教育・研修なども、安全管理措置に限定することなく、この法律が定める義務全般を対象に実施するものでなくてはなりません。

不幸にして従業者に起因する法律違反が発生した場合、委員会から報告徴収が行われます。その場合、「いままで何も内部教育研修を実施していませんでした」と答えなくてもすむように、日ごろからきちんと教育・研修を実施して、それを記録に残しておくことも重要です。

支店・支社が全国に散在している大規模な事業者にとって、従業者が一堂に会して教育・研修を実施することは重い負担となります。市販の専用教育用ビデオやeラーニングなどを利用して合理的な推進を図ることが有益です。テレワークの増加にも対処が容易です。他に、従業者の遵守状況について、内部監査による定期チェックも有用です。

6 委託先の監督

(1) なぜ委託先に対する監督が必要か

この法律の二五条は、委託した個人データの安全管理が図られるよう、委託先に対する必要かつ適切な監督を行う義務を定めています。

最近では経営合理化などを目的に、さまざまな業務のアウトソーシングが普及しており、顧客情報の入力、編集、出力の処理など、個人データに関係する業務も例外ではありません。しかし、徹底したコスト削減のための外部委託の流行は、現場の技術力やモラル低下を招く側面があり、現に委託先がらみの情報漏えい事件が頻発しています。前述した宇治市住民基本台帳データ漏えい事件、都市銀行事件、大手教育産業事件などがその実例です。

外部委託にしても、先に述べた派遣社員にしても、徹底したコスト削減と安全管理とは、一般にトレードオフの関係に立つことを忘れるべきではありません。委託元が負うべき委託先に対する監督義務を明確化することによって、これを未然に防止することが求められています。

特に、後述のように、事業者は本人の同意なく個人データの取扱いを外部委託できるのですから、委託することによって安全管理の水準が低下することがあってはなりません。したがって、委託先への監督義務を課すことによってこれを補う必要もあります。こうした点を明確化する趣旨から、二三条に加えて本条が置かれました。

図表6－7　委託先の監督

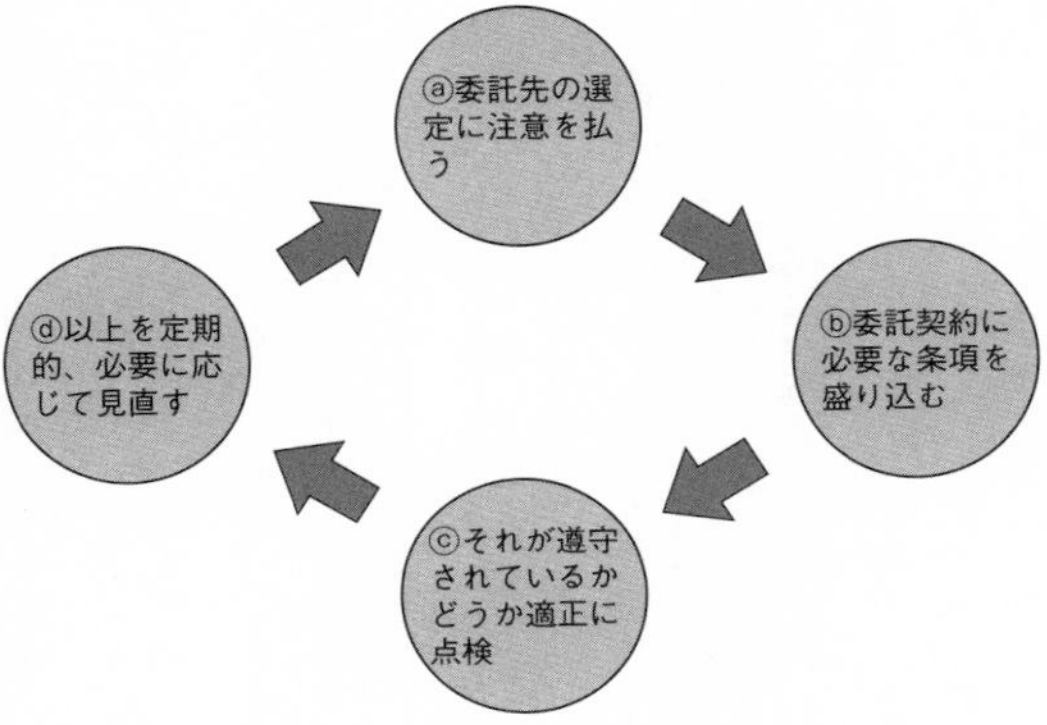
ⓐ委託先の選定に注意を払う
ⓑ委託契約に必要な条項を盛り込む
ⓒそれが遵守されているかどうか適正に点検
ⓓ以上を定期的、必要に応じて見直す

(2)　委託先に対する必要かつ適切な監督

以上の趣旨から考えると、「必要かつ適切」な監督とは、委託元が自ら二三条に基づいて講じるべき安全管理措置と同等の安全管理措置を委託先が講じるように監督を求めるという意味となります。ところが、どのような措置を講じれば事業者がこの監督義務を果たしたことになるのか、本条にも具体的な内容が書かれていません。したがって、ここでも委員会の通則指針で具体化された内容を参照することが有用です。

前述のような視点から通則指針は、①「適切な委託先の選定」、②「委託契約の締結」、そして③「委託先における個人データ取扱状況の把握」を監督内容としています（図表6－7）。

(3)　適切な委託先の選定

まず、委託先の選定ですが、信頼できる委託先かどうかという点に注意を払う必要があります。通則指針は、委託先の安全管理措置が、少なくとも二四条および通則指針に基づいて講じるべき安全管理措置として委託元に求められるものと同等であることを確認するため、通則指針が安全管理措置として定める各項目が、委託する業務内容に沿って確実に実施されることについて、事前に確認しなければならないとしています。

プライバシーマーク（ＪＩＳ Ｑ １５００１）やＩＳＭＳ（ＩＳＯ／ＩＥＣ ２７００１）の認証を取得している事業者に委託先を限定するなど、日ごろから自社の委託先選定基準を定めておき、それに従って選定を進めている事業者もあります。

(4) 委託契約の締結

通則指針は「委託契約には、当該個人データの取扱いに関する、必要かつ適切な安全管理措置として、委託元、委託先双方が同意した内容とともに、委託先における委託された個人データの取扱状況を委託元が合理的に把握することを盛り込むことが望ましい」としています。

これだけを読むと意味がわかりませんが、委託契約については、従来、口約束だけで委託しているルーズなケースも少なからず見受けられました。しかし、やはりきちんとした契約書を交わし、実施すべき安全管理措置の内容を契約条項として明確化することが不可欠です。委託先は委託元とは独立した事業者ですので、契約関係によって管理せざるをえないからです。

契約書に盛り込むべき内容として、一般的には、守秘義務に関する条項のほか、委託契約範囲外での加工や利用の禁止、委託契約範囲外での複写や複製の禁止、委託業務や委託契約が終了した際の個人データの返還・消去・廃棄義務、委託処理期間、事故発生時の報告義務と委託先の責任範囲、契約遵守状況の報告徴収に応じる義務などの規定があります。

そのうちのどの条項を入れるべきかについては、対象となる個人データの内容や量、事故が発生した場合の影響度などを総合的に検討して決めておく必要があります。重要な個人データである場合には、作業場所を厳しく限定したり、作業担当者を事前に届け出させたりして、対象となる個人データについてアクセス履歴を報告させる義務を課している場合もあります。

委託先となる事業者としても、自ら講じた安全管理策のコストを委託代金に反映させる一方、事故発生時の責任を合理的な範囲に限定するため、サービスのレベルを区分して、こうした区分に応じて代金額を設定する「サービスレベルアグリーメント」を導入するケースもあります。

委託契約の中でも重要なのが再委託に関する条項ですが、この点は(6)で詳しく述べます。

(5) 委託先における個人データ取扱状況の把握

以上のように、いくらしっかりした内容の委託契約を交わしていても、現実の運用がルーズになっているのでは、「仏作って魂入れず」となります。

それを避けるためには、委託元として、委託先における契約内容の遵守状況を適正に点検することによって、委託先における個人データ取扱状況を把握することが必要となります。これを把握する方法として、通則指針は、定期監査などで、契約内容がどの程度実施されているか調査して、契約内容の見直しの検討を含め、適切に評価することが望ましいとしています。

かといって、委託先は委託元と別個独立の存在なので、いくら委託元だからといって、一方的に委託先に対し、事務所への立入などの調査ができるはずもありません。通則指針が、委託契約に「取扱状況を委託元が合理的に把握することを盛り込むことが望ましい」とするのは、そうした調査ができるように事前に契約で取り決めておくことが望まれるという趣旨です。

(6) 再委託

建築・土木のゼネコンと同様に、ＩＴ業界でも多重的な下請化が進んでおり、〝ＩＴゼネコン〟と揶揄する声もあります。ＩＣＴ業界も同様です。

しっかりした事業者を委託先として選んだつもりでいたのに、実際には元請事業者の肩書がついた名刺を下請事業者が持ってきて作業を担当したり、薄い利幅に悩んだ孫請事業者が、アルバイト学生を雇って作業させたりするといったことも残念ながら一部で行われています。

競争力強化のためにコストダウンが社会全体で進行している中で、下請の連鎖構造化にはやむをえない側面もあります。しかし、それが先に述べた宇治市住民基本台帳データ漏えい事件のような、深刻な事件が発生する土壌となっていることも事実です。

本条に基づき委託元が監督すべき対象は直接の委託先に限られており、再委託先を含みません。しかし、再委託の場合には、委託先が再委託元として再委託先への監督義務を負います。その後も再委託先が再々委託元として再々委託先への監督義務を負うので、〝委託の連鎖〟に対応した〝責任の連鎖〟体制が、本条によって築かれることになります。

前述のような状況を踏まえて、改正前には、ほとんどの主務大臣の指針が、再委託に関する条項について触れてきました。しかし、その内容はさまざまであり、再委託するための条件として委託元の事前同意を求めるものもあれば、再委託する旨の委託元への文書による報告を求めるもの、委託先が再委託先選定基準を作ることを求めるもの、委託先が再委託先を監督することに関する事項を定めるように求めるものもありました。

これに対し、通則指針は、委託先が再委託を行う場合、委託を行う場合と同様、委託元は、委託先が再委託する相手方、再委託する業務内容、再委託先の個人データの取扱方法等について、委託先から事前報告を受けまたは承認を行うこと、委託先を通じてまたは必要に応じて自らが定期的に監査を実施することなどにより、委託先が再委託先に対して本条の委託先の監督を適切に果たすこと、再委託先が安全管理措置を講ずることを十分に確認することが望ましく、再委託先が再々委託を行う場合以降も、再委託の場合と同様であるとしています。

マイナンバーについては、委託元は委託先の監督義務を負う点では同様ですが（マイナンバー法一一条）、再委託する場合には最初の委託元の同意が必要です（同法一〇条）。この点で、個人情報保護法の場合と異なっています。

7　第三者提供の制限

(1)　本人が望まない流通をコントロール

現代のようなデジタル社会では、各種のカードの利用やネットサービスなど個人データのやりとりによって、さまざまな利便性を享受することが可能になっています。

しかし、その一方では、見知らぬ業者からDMが突然送りつけられてきたり、しつこく電話勧誘を受けて、「わが家の情報をいったいどこから入手したのか」と不審に感じたりした経験を持つ人も少なくないでしょう。ネット上でも、以前にウェブ上で検索・閲覧した商品の広告が自動表示されて、驚いた経験を持つ人もいるはずです。ターゲティング広告と呼ばれています。

その背景には、取得された個人情報がマーケティング活動のために有益な情報として資産価値を持ち、本人が知らないうちに吸い上げられて利用・取引されているという現実があります。各種の利用履歴は、利用者の生活内容や嗜好などを示しているからです。これを専門に媒介する名簿業者のようなデータブローカーも存在しています。

特に、個人情報がデータベース化・名簿化されている場合には、検索が容易となるだけでなく、「名寄せ」や加工処理も簡単になるので、それがどのように流通して使用されていくのか、本人から見てきわめて不明確な状態に置かれます。

このような理由から、この法律では、本人が望まない個人データの流通をコントロールするため、「第三者提供」に関する一連の規定を設けています（二七条〜三〇条）。

これらの規定は「第三者」への提供が対象です。そのため、同一事業者の本店や支店の間で提供する場合は、これらの規定の対象となりません。他方で、同一企業グループに属する親会社・子会社間でも、別法人である以上は「第三者」にあたり、これらの規定の対象となります。提供先となる「第三者」は個人情報取扱事業者に限られていません。したがって、個人情報取扱事業者に該当しない個人などに提供する場合も、これらの規定の対象となります。

これらの規定の中心となるのは、第三者に提供するためには本人の事前同意を得なければならないという原則です（二七条）。「第三者提供の制限」と呼ばれています。

この制限も、相次ぐ改正で強化されています。具体的には、第一に、オプトアウト方式による第三者提供について、悪用を防ぐため、規制を強化しました（二七条二項〜四項）。

第二に、ICTの発展による個人データの越境移転に対応するため、外国にある第三者への提供を厳しく制限する規定を設け（二八条）、提供先となる第三者が国内にある場合（二七条）と、適用を分けました。

第三に、名簿業者対策のため、個人データの流通経緯についてトレーサビリティ（追跡性）を確保し、不正な漏えいや流通を防止するための規定を設けました。提供元事業者に第三者提供に係る記録の作成・保管義務を（二九条）、また、提供先事業者にも確認義務や記録の作成・保存義務を課しました（三〇条）。これらの第三者提供記録は開示請求の対象です（三三条五項）。関連規定として、個人関連情報の第三者提供の制限等（三一条）も設けられました。

(2) 本人同意の取得が原則

個人情報取扱事業者は、原則として、本人の事前同意を得ないで個人データを第三者に提供してはなりません（二七条一項）。第三者への個人データの提供を許すかどうかを本人の意思に委ね、個人データの提供元に規制を加えることによって、本人が望まない流通をコントロールしようとしているのです。このような事前同意制を一般に「オプトイン」と呼んでいます。

有効な同意となるためには、目的外取扱いの場合と同様に、公序良俗に反せず、他の法令にも違反するものでないことが条件です。

図表6－8　第三者提供の制限

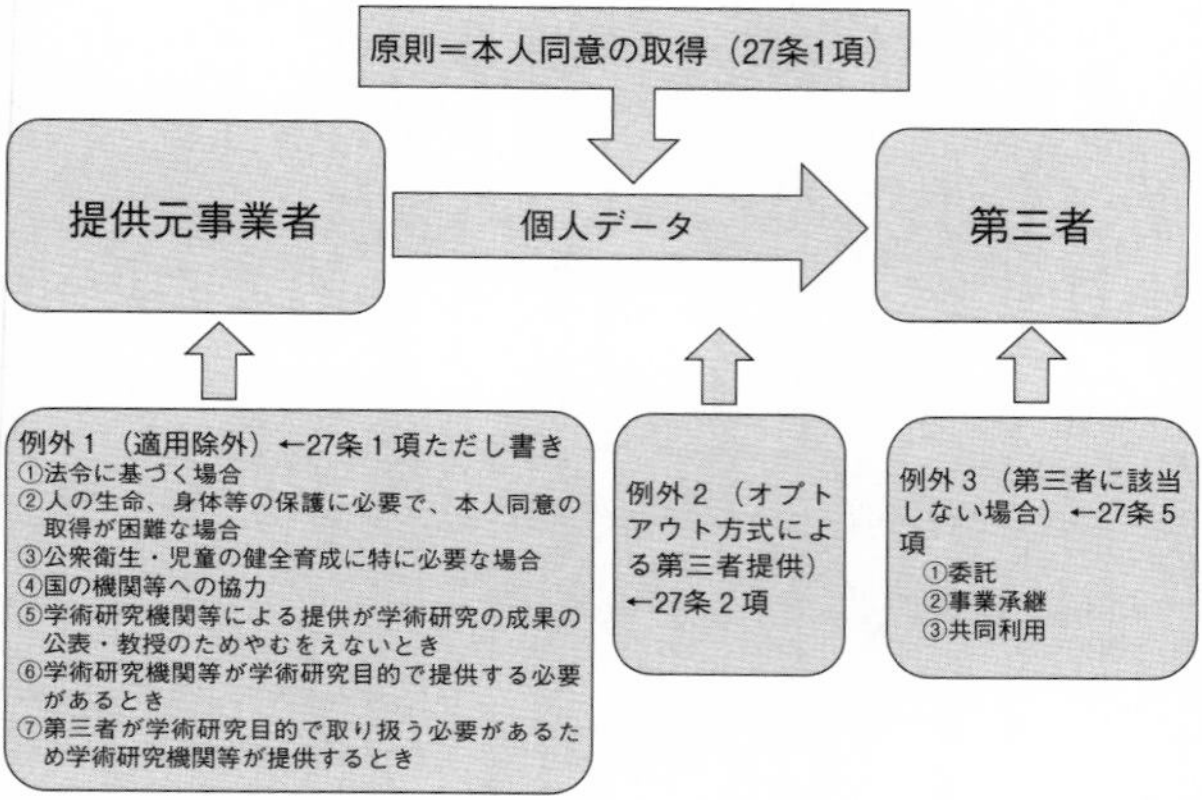

しかし、いちいち本人の事前同意を例外なく得なければならないということは、事業者にとって大変重い負担です。何よりも、こうした義務をすべての場面で貫くと、かえって本人の権利利益や公益を損なうなど、不合理が生じる場合もあります。そのため、この法律では三種類の例外を認めており、これに該当する場合には、本人の事前同意を取得しなくても、個人データを提供することができます（図表6－8）。

(3) 例外1――適用除外事由

まず、第一の例外として、前述した目的外利用の場合とほぼ同一内容の適用除外事由が定められています（二七条一項一号～七号）。

具体的な内容については、図表6－8の例外1（適用除外）の部分を参照してください。目的外利用は無断第三者提供をともなうことが多く、その逆もまた真です。そのため、両方の場合について、ほぼ同一内容の適用除外事由を設けたものです。一八条三項五号が二七条一項五号と六号に、一八条三項六号が二七条一項七号に、ほぼ対応しています。しかし、二七条一項五号以下は、第三者提供の性格に特化して、教授、共同研究など、より内容が具体化されています。

(4) 例外2——オプトアウト制度

第二の例外として、二七条二項の「オプトアウト」制度があります（図表6－8の例外2）。これは、「当校が、皆様から年賀葉書・暑中見舞いでお寄せいただいた情報を整理して卒業生全員に毎年末に無料で郵送配布している『○○高校卒業者名簿』に掲載中のご自身の個人データ（住所・氏名・電話番号・卒業年度）について、今後の掲載停止をご希望の方は、当校の専用無料電話（〇一二〇－ＸＸＸ－ＸＸＸ）でお申し出いただきましたら、次回発行版以降の掲載を停止します。ご自身のデータ内容更新を求める場合も上記にお電話願います。○○市○○町一丁目二－三　学校法人○○高校　理事長□□」など所定の事項を、あらかじめ本人に通知、または本人が容易に知り得る状態に置くとともに、委員会に届け出たうえで、第三者提供するような場合です。

この場合には、本人の事前同意を得ていなくても第三者に提供ができます（二七条二項）。その代わり、本人から求めがあれば、それに応じて実際に提供を停止する必要があります。

所定の事項とは、施行規則が定めている事項も含めると、①第三者提供する事業者の氏名・名称と住所（法人など団体の場合は代表者などの氏名）、②第三者提供を利用目的とすること、③提供される個人データ項目、④提供される個人データの取得方法、⑤第三者への提供方法、⑥本人の求めに応じて当該本人の個人データの第三者提供を停止すること、⑦本人の求めの受付方法、⑧提供される個人データの更新方法、⑨提供の開始予定日です。

②⑥以外の各事項は後から変更できますが、その場合には、変更前（ただし①の変更は遅滞なく）に、本人に通知等をするとともに、委員会に届け出なければならず、オプトアウト方式による第三者提供をやめたときも同様です（二七条三項）。

オプトアウト方式による提供開始時や項目変更時の「本人が容易に知り得る状態」とは、本人が知ろうと思った時点で、通常の努力の範囲内で知ることができるという意味です。

単に一時的に公表するだけでは足りず、継続的な公表をされている状態である必要があります。したがって、数年前に官報や新聞に一度掲載されただけの場合には、公表といえる余地は残るとしても、必ずしも「本人が容易に知り得る状態」に置いたとはいえません。

その時点で、正確な情報を正確な状態で「本人が容易に知り得る状態」に置くべきですので、内容に変更があった場合には、必ずその内容を変更し、常にその時点での正確な内容を「本人が容易に知り得る状態」に置かなければなりません。

事業の性質や個人情報の取扱状況に応じて、内容が本人に認識される合理的で適切な方法によらなければなりませんが、一般的な方法として、ウェブ画面への継続的な掲載、事務所の窓口等への掲示・備付け、パンフレットへの掲載・配布などが該当します。本人の求めに応じて電話などで遅滞なく回答する場合は含みません。具体的な方法は委員会の規則で定められています。本人にとってわかりやすい方法に限定するためのものです。

事業者から見れば、オプトアウト方式は、いちいち本人から事前に同意を得る必要がないので、負担を軽減するための重要な制度です。しかし、多重債務者の発生防止などを目的として信用情報の交換が必要な場合には、この方式は不向きです。「以前に信用事故を起こしたことがある」ことなど本人に不利な情報を、本人が自由にオプトアウトできるとすると、その目的が達せられなくなるからです。こうした理由から、金融指針や信用指針では、金融・信用分野における個人情報取扱事業者は、与信事業について個人の返済能力に関する情報を個人信用情報機関へ提供する際には、オプトアウト方式ではなく事前同意を取得するよう求めてきました。

この制度については、諸外国にくらべて個人情報保護に劣る旨の指摘がなされてきたことや、名簿屋対策のため、すでに触れた点を含め、さまざまな改正が加えられています。

第一に、オプトアウトによる第三者提供の許容対象から、①要配慮個人情報、②不正な手段

（二〇条一項違反）で取得されたもの、③他の事業者からオプトアウト方式で提供されたもの（②と③は二〇二〇年の改正で追加）が、除外されています（二七条二項ただし書き）。

第二に、あらかじめ本人に通知、または本人が容易に知り得る状態に置く措置は、本人が提供停止を求めるのに必要な期間を置くこと、前記のオプトアウト事項を確実に認識できる適切かつ合理的な方法によることが施行規則で必要とされました。

第三に、あらかじめ委員会に届出をして、これを委員会が公表します（二七条四項）。施行規則は、届出方法をネット経由か光ディスク等の提出、この公表をインターネットなどで実施し、当該事業者も公表する必要があると定めています。第二でインターネットサイトによって公表を継続している場合にはそれで足り、改めて公表する必要はありません。どの事業者が自分の個人データを販売しているのか、可視化を図るためです。

オプトアウト事項のうち②⑥以外は事後的に変更できることは先に述べましたが、この場合も手続きの流れは同様です（二七条三項・四項）。

オプトアウト方式を採用することで「適法」とされるのは、あくまでもこの法律との関係に限られています。したがって、通信の秘密を侵害するようなデータを、通信当事者たる法人の事前同意なしにオプトアウト方式で販売するようなことは、この法律では「適法」でも、電気通信事業法などに抵触して、結局「違法」となるケースがあることに注意を要します。

(5) 例外３——「第三者にあたらない」とされる場合

第三の例外として、「第三者にあたらない」と位置付けることで本人の事前同意を不要にするという類型も定められています（二七条五項各号）。前掲図表６－８の例外３です。この類型は、さらに三種類に区分されます。図表６－９のとおりです。

まず、「委託先への提供」のケースです（同項一号）。最近では経営合理化などのためにアウトソーシング（委託）が普及しており、もはや事業活動を営むうえで不可欠の存在となっています。ところが、委託にともなう個人データの提供に、いちいち本人の事前同意が必要だとすると、委託が事実上不可能になりかねませんので、そうした事態を避けようとする趣旨です。二〇一五年改正で文言が少し手直しされましたが、趣旨は同一のままです。

このケースでは、本人の事前同意を不要とする代わりに、委託先に対する監督義務を委託元に負わせることによって（二五条）、バランスを図ろうとしています。

次に、「事業承継に伴う提供」のケースです（二七条五項二号）。最近では、厳しい競争に勝ち抜くことを目的に、合併、営業譲渡、会社分割などの方法により、企業や事業の再編が広範囲で進められています。こうした再編による事業承継にともない、その事業の顧客情報など個人データも同時に移転されることが一般的です。この際、本人の事前同意を必要とすることで事業承継が困難になることを避けるため、やはり本人の同意を不要としています。その一方、それによっ

図表6－9　第三者にあたらない場合（27条5項）

号	事　由	内　容
1	委託先への提供	個人情報取扱事業者が利用目的の達成に必要な範囲内において個人データの取扱いの全部または一部を委託することにともなって当該個人データが提供される場合
2	事業承継にともなう提供	合併その他の事由による事業の承継にともなって個人データが提供される場合
3	共同利用	特定の者との間で共同利用される個人データが当該特定の者に提供される場合であって、その旨ならびに共同利用される個人データの項目、共同利用する者の範囲、利用する者の利用目的および当該個人データの管理に責任を有する者の氏名または名称および住所ならびに法人では代表者の氏名を、あらかじめ、本人に通知または本人が容易に知り得る状態に置いているとき

て本人の権利利益が侵害されるおそれの増加も避けるため、承継後の取扱いを承継前の利用目的の範囲内に限って認めることを条件としています（一八条二項）。

さらに、「共同利用」についても本人の事前同意を不要としています（二七条五項三号）。グループ企業で総合サービスを提供するために利用目的の範囲内で共同利用するような場合です。

こうした場合には、いちいち本人の個別同意が必要だとすると、いたずらに手続きが複雑になり、本人だけでなく個人情報取扱事業者の立場から見ても、あまりにも負担が重すぎることになりかねません。そこで、このように一定のグループ内で個人データが取り扱われる場合には、本人にとって自己の個人データが、グループ利用をする事業者全体によってどのように取り扱われるのか認識できる状態に置くことを条件に、いちいち本人の個別同意を要求することなく、グループ利用することが認められています。

そのための条件として、あらかじめ一定の事項を、通知または本人が容易に知り得る状態に置いていることが必要です。一定の事項とは、①特定の者との間で共同利用される個人データが当該特定の者に提供されること、②共同利用する個人データの項目、③共同利用する者の範囲、④利用する者の利用目的、⑤当該個人データの管理について責任を有する者の氏名・名称と住所（法人など団体の場合は代表者などの氏名）です。

これらの事項をあらかじめ通知などすることなく、先に無断で第三者提供しておいて、後になって本人からクレームを受けたので「共同利用しているから適法だ」といったところで認められません。あくまでも「あらかじめ」であることが要件なのです。

以上の説明は、国内にある第三者に個人データを提供する場合についてのものです。

(6) クラウドサービスの利用と情報システムの保守

最近ではクラウドサービスの利用や、情報システムの保守依頼が普及していますが、これらは本項一号の「委託」にあたるのでしょうか。

クラウドサービス事業者や保守事業者が本条の「委託先」に該当するのか、という点が問題となります。これに該当すれば、少なくとも国内にあるクラウドサービス事業者などへの提供には本人の事前同意は二七条五項によって不要になる半面（これに対して国外にあるクラウドサービス事業者などへの提供には二八条によって本人の事前同意が原則必要）、クラウドサービス事業者など自体も二四条に基づいて安全管理措置義務を負うとともに、二五条に基づいて監督を受ける立場になるからです。

委員会のQ＆Aは、これらの者が個人データを取り扱うかどうかという点を基準に（取り扱わなければ「提供」に該当せず）、これを取り扱わないとは、①契約条項で当該事業者が個人データを取り扱わない旨を定めており、②適切にアクセス制御している場合等が考えられるとしています。

クラウドサービス事業者などには、預かったデータが個人データなのか、必ずしも認識があるとは限りません。ネット住所録サービスなどであれば、その性格上、個人データを預かっていることは明らかですが、単なるクラウドストレージでは、預かっているデータが何なのか、預ける側が事前に明らかにしない限り内容は不明です。レンタルサーバの場合も同様です。このように一般的には契約内容によって定まりますので、①の点（契約条項の内容）が重要となります。

次に、依頼するユーザー事業者側からすれば、データ内容が個人データであることは最初からわかっていることなので、いずれにしても二三条に基づいて安全管理措置義務を負います。その一環として、②の適切にアクセス制御している場合等という措置が求められることになります。

②もわかりにくい内容ですが、たとえばデータ内容を適切に暗号化している場合のように、委託先が個人データの内容に触れられないようにしているといった場合が考えられます。

(7)　外国にある第三者への提供の制限

二八条は、越境データ移転に対処するための規定です。個人情報取扱事業者が、外国にある第三者に個人データを提供する場合には、二七条は適用されず、原則として、外国にある第三者への提供を認める旨の本人の事前同意を得なければなりません（二八条一項）。「外国」とは本邦の域外にある国や地域です（同項前段カッコ書き）。したがって、通常の国だけでなく、北朝鮮のような未承認国家も含みます。自社の海外支店は「第三者」といえず本条の対象外です。

従来、ＥＵでは、ＥＵ域内諸国から第三国への個人データ移転を、当該第三国がＥＵ並みの十分な保護水準を満たすことを条件に認めてきました（第1章参照）。わが国でも、国内の個人データが、保護水準の低い国へ流れることを危惧する声が聞かれました。そのため、提供先が外国にある場合には、国内の場合よりも厳格な規制を加えるものとしました。

とはいえ、外国にある第三者に提供する場合にも、二七条一項各号の事由に該当する場合が除外されており（二八条一項前段）、この場合に本人の事前同意を取得する必要がない点では、提供先となる第三者が国内にある場合（二七条）と同様です。

これに対し、第三者が外国にある場合には、オプトアウトによる第三者提供や、「委託先への提供」「事業承継に伴う提供」「グループによる共同利用」はできません。二八条一項後段が、二七条の適用を除外しているからです。これらの点で、大きな違いがあります。後述する他の違いを含め、図表6－10のとおりとなります。

ところで、国ごとに制度は異なりますので、その外国における個人情報保護制度など参考となるべき情報を本人が知らなければ、本当に提供に同意していいのか、適切に判断できなくて当然です。そこで、本条二項は、この同意を求める際には、そうした参考情報を本人に対し事前に提供しなければならないと定めています。説明すべき参考情報とは、①移転先の所在国名、②適切かつ合理的な方法で確認された当該国の個人情報保護制度、③移転先が講ずる措置です。

その一方で、本条一項は、提供先となる国または第三者が所定の保護水準を満たしている場合に例外を認めています。具体的には、次のとおり、委員会の規則の基準に適合することを条件に、国（認定国）、あるいは提供先たる第三者（基準適合体制整備者）単位で、国内並みに扱えるよう例外を設けるというものです。これらの例外にあたる場合には二七条が適用され、当該第三者が国内にある場合と同様の扱いとなります。

まず、「個人の権利利益を保護する上で我が国と同等の水準にあると認められる個人情報の保護に関する制度を有している外国として個人情報保護委員会規則で定めるもの」（認定国）は、

図表6-10 提供先の第三者が国内・外国にあるかによる違い（27条・28条）

	提供先の第三者が国内にある場合	提供先の第三者が外国にある場合※
原　則	第三者提供につき本人の事前同意を取得する必要（27条1項）	外国にある第三者への提供を認める旨の本人の事前同意を情報提供して取得する必要（28条1項・2項）
適用除外事由	適用あり（27条1項各号）、上記事前同意の取得は不要	適用あり（28条1項）、上記事前同意の取得は不要
オプトアウト制度	適用あり（27条2項）、上記事前同意の取得は不要	適用なく（28条1項）、上記事前同意の取得が必要
第三者にあたらない場合	適用あり（27条5項）、上記事前同意の取得は不要	適用なく（28条1項）、上記事前同意の取得が必要
第三者提供に係る記録の作成等	27条1項の適用除外事由または5項各号に該当する場合を除き、義務あり（29条1項）	27条1項の適用除外事由に該当する場合を除き、義務あり（29条1項カッコ書き）
第三者提供を受ける際の確認等	27条1項の適用除外事由または5項各号に該当する場合を除き、義務あり（30条1項）	27条1項の適用除外事由または5項各号に該当する場合を除き、義務あり（30条1項）

※ 委員会の認定国と基準適合体制整備者を除く

「外国」から除きます（同項前段カッコ書き）。現在、EU（EEA）と英国を認定しています。

次に、外国にある「第三者」から、個人データの取扱いについてこの節の規定により個人情報取扱事業者が講ずべき措置に相当する措置（相当措置）を継続的に講ずるために必要なものとして委員会規則で定める基準に適合する体制を整備している者（基準適合体制整備者）も除かれています（同項前段カッコ書き）。これは、①提供元と提供先における当該個人データの取扱いについて、適切かつ合理的な方法で、この法律の規定の趣旨に沿った措置の実施が確保されていること、②提供先が、個人情報の取扱いに係る国際的な枠組みに基づく認定を受けていることのいずれかを、施行規則は基準としています。

基準適合体制整備者たる外国にある第三者に提供した個人情報取扱事業者は、当該基準適合体制整備者が、この相当措置の継続的な実施確保に必要な措置を講ずるとともに、本人の求めに応じて当該必要な措置に関する情報を当該本人に提供しなければなりません（二八条三項）。「必要な措置」とは、①移転先における個人データの取扱状況とそれに影響を及ぼしうる移転先の所在国の制度の有無の定期的な確認（年一回程度）、②適正な取扱いに問題が生じた場合の対応（是正を求め、問題が解消されず、適正な取扱いの継続的な確保が困難な場合は個人データの提供を停止）を求めるというものです。

(8) 第三者提供に係る記録（第三者提供記録）の作成等

個人情報取扱事業者は、個人データを第三者に提供したときは、委員会の規則に従って記録作成義務を負い、委員会の規則で定める期間中、記録の保存義務を負います（二九条）。

記録事項は、①当該個人データ提供の年月日、②当該第三者の氏名または名称その他の当該第三者を特定するに足りる事項（不特定多数への提供はその旨）、③当該個人データによって識別

図表6－11　トレーサビリティの確保

本人の事前同意の取得義務（27条1項・28条1項）

↓

提供元の事業者――提供記録の作成・保存義務（29条）

↓

提供先の事業者――30条1項各号の事項に関し確認義務（30条1項）

↓

提供先の事業者――確認記録の作成・保存義務（30条3項・4項）

↓

本人――提供記録の開示請求（33条5項）

される本人の氏名その他の当該本人を特定するに足りる事項、④当該個人データの項目、⑤二七条一項・二八条の本人の同意を得ている旨です。施行規則は、オプトアウト方式による提供の場合は⑤は不要、それ以外の場合は①は不要、記録の保存期間は原則三年と定めています。

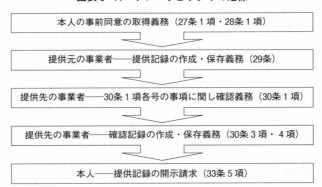

記録の作成方法について、施行規則は、文書、電磁的記録またはマイクロフィルムであり（提供契約の書面で代用が可能）、原則として提供のつど作成を要しますが、同一の者との間で継続的または反復して提供するとき（確実であると見込まれるときを含む）は一括作成できるとしています。

二九条は、漏えいデータが名簿業者に流れて転売されることを防止する目的で、名簿業者対策としてトレーサビリティ（追跡性）を図るために設けられた規定です（図表6－11）。このような趣旨の規定ですので、ここにいう第三者から、一六条二項各号に掲げる公的部門の者が除かれています（二九条一項カッコ書き）。したがって、国の行政機関に提供したような場合には記録作成・保存義務を負いません。

また、国内にある第三者への当該個人データの提供が、前述の「(3)例外1――適用除外事由」（二七条一項各号）か、「(5)例外3――『第三者にあたらない』とされる場合」（同条五項各号）のいずれかにあたるときも記録作成義務を負わず、外国にある第三者への提供が「(3)例外1――適用除外事由」（同条一項各号）にあたる場合も同様です（二九条一項ただし書き）。したがって、それ以外の場合には、本人同意に基づく提供か、オプトアウトによる提供か、提供先の第三者が国内・外国にあるかなどを問わず、二九条の記録の作成等の義務の対象となります。

(9) 第三者提供を受ける際の確認等

提供元の義務を定めた前述の二九条と同様に、名簿業者対策のためトレーサビリティが図られるように、三〇条は提供先となる個人情報取扱事業者の義務を定めています。

まず、個人情報取扱事業者は、第三者から個人データの提供を受ける際に、委員会の規則で定めるところにより、所定の事項に関し確認義務を負います（三〇条一項）。

所定の事項とは、①当該第三者の氏名または名称および住所ならびに法人の場合は、その代表者（法人でない団体で代表者または管理人の定めのあるものの場合は、その代表者または管理人）の氏名、②当該第三者による当該個人データの取得の経緯です（同項）。施行規則は、確認方法について、①につき当該第三者からの申告など、②につき取得経緯を示す契約書その他の書面の提示を受けるなど、適切な方法によると定めています。

あくまでも提供を受ける「当該第三者」（直接の提供元）に関する事項が対象です。そのため、A↓B↓C↓Dと順次提供されたようなケースで、Dとしては、「当該第三者」であるC（直接の提供元）について、①その氏名・住所などと、②Cによる取得の経緯を確認すれば足り、それよりも前の者（AやB）について確認する必要はありません。Bによる取得の経緯等はCが、Aによる取得の経緯等はBが、それぞれ確認義務を負います。

以上によって、提供元が作成・保管する提供記録（二九条）とあいまって、漏えいデータの流通ルートについて、順次さかのぼってトレーサビリティが図られることになっています。

ただし、当該個人データの提供が前述の「(3)例外1――適用除外事由」（二七条一項各号）か、「(5)例外3――『第三者にあたらない』とされる場合」（同条五項各号）のいずれかに該当する場合は、この確認義務を負いません（三〇条一項ただし書き）。

これによって確認を受ける第三者（提供元）は、当該確認を行う個人情報取扱事業者（提供先）に対して、当該確認事項をウソついてはなりません（三〇条二項）。違反者は一〇万円以下の過料に処せられます（一八五条一号）。

次に、提供先となる個人情報取扱事業者は、この確認を行ったときは、委員会の規則に従って、当該個人データの提供を受けた年月日、当該確認に係る事項その他の委員会の規則で定める事項に関する記録作成義務を負います（三〇条三項）。記録は文書、電磁的記録またはマイクロフィルムを用いて作成し、記録は第三者から個人データの提供を受けたつど、速やかに作成しなければなりませんが、当該第三者から継続的にもしくは反復的に個人データの提供を受けたとき、または当該第三者から継続的にもしくは反復的に個人データの提供を受けることが確実であると見込まれるときの記録は、一括作成でき、契約書など書面に所定の事項が記載されているときは、当該書面を三〇条三項の記録に代えることもできます（施行規則）。

作成日から委員会の規則で定める期間、この記録について保存義務を負います（三〇条四項）。施行規則は保存期間を原則三年と定めています。

記録の作成・保管は確認を行う場合の義務ですので、第三者提供を受ける場合でも三〇条一項ただし書きに該当して確認義務を負わない場合は、この記録の作成・保存義務を負いません。

三〇条による確認の結果、取得の経緯につき不正の疑いがある場合には、それを無視して入手した提供先の事業者は、不正の手段による取得禁止（二〇条一項）違反となります。

このような趣旨から、三〇条の提供元たる第三者は、個人情報取扱事業者に限定されていませんので、単なる個人のように個人情報取扱事業者に該当しない者も含まれます。現に、大手教育産業事件では、単なる個人が自分で集められるはずのない膨大な個人データを名簿業者に売りに行ったにもかかわらず、これを名簿業者が購入したという点が問題となったからです。

⑽　個人関連情報の第三者提供の制限等

就職情報サイト運営事業者が、閲覧履歴などに基づく求職者の内定辞退率の予測データを、提供先企業が当該求職者を特定・識別できることを知りつつ販売したことが、社会問題化した事件がありました。こうした隙間を埋めるために三一条が設けられました。

前述の事件を反映して、個人関連情報とは、提供元では個人識別性がないので個人データに該当しなくても、提供先では個人識別性があって個人データとなると想定される情報として定義されています（二条七項）。氏名とひもづけられていないインターネット閲覧履歴、位置情報、クッキー情報が具体例です。第三者提供の制限の対象情報（個人データ）との均衡を考慮して、個人関連情報データベース等（特定の個人関連情報を容易に検索できるように体系的に構成したもの）を構成する個人関連情報に限って義務の対象としています（三一条一項）。

「想定される」とは、提供先が個人データとして取得することを、提供元が現に想定しているか、または一般人の認識を基準に通常想定できる場合のことです。

個人関連情報の提供元である個人関連情報取扱事業者は、提供先が個人関連情報を個人データとして取得することが想定されるときは、提供先が本人の事前同意を得たことを確認しなければ提供できません（同項一号）。提供先が外国なら、当該外国における個人情報保護制度などの参考情報を事前に提供して同意を得たことも、提供に必要な確認事項です（同項二号）。同意は提供先が取得すべきものですが、提供元が取得を代行することも認められています。確認方法は、主に提供先から申告を受ける方法と施行規則で定めています。提供先が「同意取得した」とウソの申告をして取得すれば、二〇条一項違反の不正取得となります。

この提供をする際に提供元は確認記録を作成・保管する義務を負いますが（三一条三項）、記録事項は施行規則が定めており、保管期間を施行規則は原則三年としています。

第7章 「保有個人データ」に関する民間部門の義務と本人の権利

1 「保有個人データ」とは何か

「個人情報」のうち「個人データ」には、すでに述べたとおり義務が上積みされますが、「個人データ」の中で「保有個人データ」に該当するものには、さらに多くの義務が上積みされます。それには、事業者の義務であると同時に、本人の権利であるものも含まれています。

「保有個人データ」とは、個人情報取扱事業者が開示、内容の訂正、追加または削除、利用の停止、消去および第三者への提供の停止を行える権限を有する個人データですが、その存否が明らかになると公益その他の利益が害されるものが政令で除外されています（一六条四項）。

第一に、個人情報、そして個人データの一種ですので、それらの要件を満たす必要があります。

たとえば生存者の情報でなければ個人情報に該当せず（二条一項）、また、一六条一項カッコ書きが「個人情報データベース等」から除外するものは個人データに該当しません。そのため、これらは「保有個人データ」にも該当せず、この権利義務の対象にもなりません。

第二に、保有個人データは開示等の請求（三三条以下）の対象情報ですので、情報の保有者たる事業者にとって、この請求に応じられる権限があるものに限られています。たとえば個人データの保管を委託された事業者には、この権限が通常はありませんので、その委託先にとって保有個人データとなりません。この場合、本人は当該委託先ではなく委託元に対して開示等を請求することになります。この点で保有個人データかどうかは保有者ごとに相対的です。

第三に、「その存否が明らかになることにより公益その他の利益が害されるものとして政令で定めるもの」も明文で「保有個人データ」から除外されています。これを受けて施行令は図表7-1の事由を定めています。

二〇二〇年の改正前は、短期保有データも明文で除かれていましたが、この改正で削除されました。短期保有データでも個人の権利利益を守る必要に変わりがないことが改正理由とされています。その結果、保有期間の長短にかかわりなく保有個人データに該当することになりました。しかし、すでに消去されたものは開示等の義務の対象となりませんので、不要になったデータは請求を受ける前に迅速に消去すべきことに変わりありません。

図表7－1 「保有個人データ」から除外されるもの

事 項
その個人データの存否が明らかになることで、本人または第三者の生命、身体または財産に危害が及ぶおそれがあるもの
その個人データの存否が明らかになることで、違法または不当な行為を助長し、または誘発するおそれがあるもの
その個人データの存否が明らかになることで、国の安全が害されるおそれ、他国もしくは国際機関との信頼関係が損なわれるおそれまたは他国もしくは国際機関との交渉上不利益を被るおそれがあるもの
その個人データの存否が明らかになることで、犯罪の予防、鎮圧または捜査その他の公共の安全と秩序の維持に支障が及ぶおそれがあるもの

他方、保有個人データでも、仮名加工情報データベース等を構成する仮名加工情報にも該当するものは、三二条から三九条までの規定が適用除外となり（四一条九項）、保有個人データに関する義務を負いません（第8章参照）。

2 保有個人データに関する権利義務の概要

保有個人データに関する権利義務は、保有個人データに関する事項の公表（三二条一項）と、本人関与と呼ばれてきたもの（三二条二項～三九条）との二つのグループに大別されます。

本人関与のグループは、本人は、個人情報取扱事業者に対し、自分の「保有個人データ」について、①利用目的の通知を求められること、ならびに、②開示、③訂正等（内容の訂正、追加または削除）、および、④利用停止等（利用の停止、消去および第三者への提供の停止）を請求できるという権利です（三二条二項〜三五条）。これらは「開示等の請求等」という言葉で総称されています（三七条一項カッコ書き）。

二〇一五年の改正によって、②から④までが、「本人は、個人情報取扱事業者に対し……請求することができる」という文言となり、本人の具体的権利であることが改めて明確化されました。言い換えると、保有個人データが開示等の権限を有するものに限られているのは、こうした権限があってはじめて開示等の請求等に応じることができるからです。これらの制度は自己情報コントロール権の考え方を実質的に取り入れたものです。

とはいえ、これらの権利を提訴などによって行使するよりも本人にとって簡便な手段として、前述した苦情処理制度の活用や監督機関の関与による解決を図ることも可能です。別の角度から見れば、本人の具体的権利性が明確化されたことによって、こうした苦情処理制度などによる裁判外における解決が、改正前よりも促進されることが期待されます。

ただし、①の求めは本人が出訴できる具体的権利といえないとする見解も有力です（本章6節で解説）。残りの②から④までの請求を通則指針は「開示等の請求」と総称しています。

3　保有個人データに関する事項の公表等

図表7－2 保有個人データに関する公表事項

32条1項	備　考
①当該個人情報取扱事業者の氏名・名称と住所、法人の場合は代表者の氏名（1号）	代表者につき、法人でない団体で代表者・管理人の定めのあるものは、その代表者・管理人（27条2項1号カッコ書きの準用）
②すべての保有個人データの利用目的（2号）	次の場合には対象外（32条1項2号カッコ書き） ・本人への通知等により本人・第三者・当該個人情報取扱事業者の権利利益を害するおそれがある場合（21条4項1号・2号） ・国や自治体の事務遂行に協力が必要な場合で、本人への通知等により当該事務遂行に支障を及ぼすおそれがあるとき（同項3号）
③開示等の請求等に応じる手続（3号）	38条2項により手数料の額を定めたときは、その額を含む（32条1項3号カッコ書き）
④保有個人データの適正な取扱いの確保に関し必要な事項として政令で定めるもの（4号）	施行令 ・当該保有個人データの安全管理のために講じた措置（公表すると安全管理に支障を及ぼすおそれがあるものは除外）（1号） ・当該個人情報取扱事業者が行う保有個人データの取扱いに関する苦情の申出先（2号） ・当該個人情報取扱事業者が認定個人情報保護団体の対象事業者であるときは、当該認定個人情報保護団体の名称および苦情解決の申出先（3号）

保有個人データにつき、個人情報取扱事業者は、図表7-2の事項を本人の知り得る状態（本人の求めに応じて遅滞なく回答する場合を含む）に置く必要があります（三二条一項）。

これによって、保有個人データの取扱いに関する透明性が図られるとともに、本人としても、開示等の請求の前提となる諸事項を知ることができます。

「本人の知り得る状態に置く」とは、前述の「本人が容易に知り得る状態に置く」という言葉と基本的に同様の意味です。そのため、事業所の窓口等における書面の掲示・備付けまたはウェブ画面上での掲載、パンフレット・広報誌等への明記その他の方法により継続的に行う方法が含まれます。しかし、本項には「本人の求めに応じて遅滞なく回答する場合を含む」ことが明文で認められていません。その関係もあって「容易に」という文言が記載されていません。

取得時に利用目的の本人への通知等に関する適用除外となる場合（二一条四項）には、本人の知り得る状態に置く必要がありませんが（三二条一項二号カッコ書き）、取得の状況から見て利用目的が自明な場合（二一条四項四号）は、例外的に除外されません。取得時に利用目的が「取得の状況からみて」自明でも、保有後の段階に至れば当然に自明とはいえないからです。

保有個人データの項目や取得経路などは対象とされておらず、本人の知り得る状態に置く必要はありませんが、別途、第三者提供記録は開示請求の対象となります（三三条五項）。

4　開示等の請求等に応じる手続き

(1)　開示等の請求等に共通する手続き

開示等の請求等（第三者提供記録の開示請求の場合も含みます）について、共通する手続きなどを先にまとめて説明します。一般に図表7-3に記載した順序で行われます。

個人情報取扱事業者は、開示等の請求等を受け付ける方法を定めることができます（三七条一

図表７－３　開示等の請求等の手続き

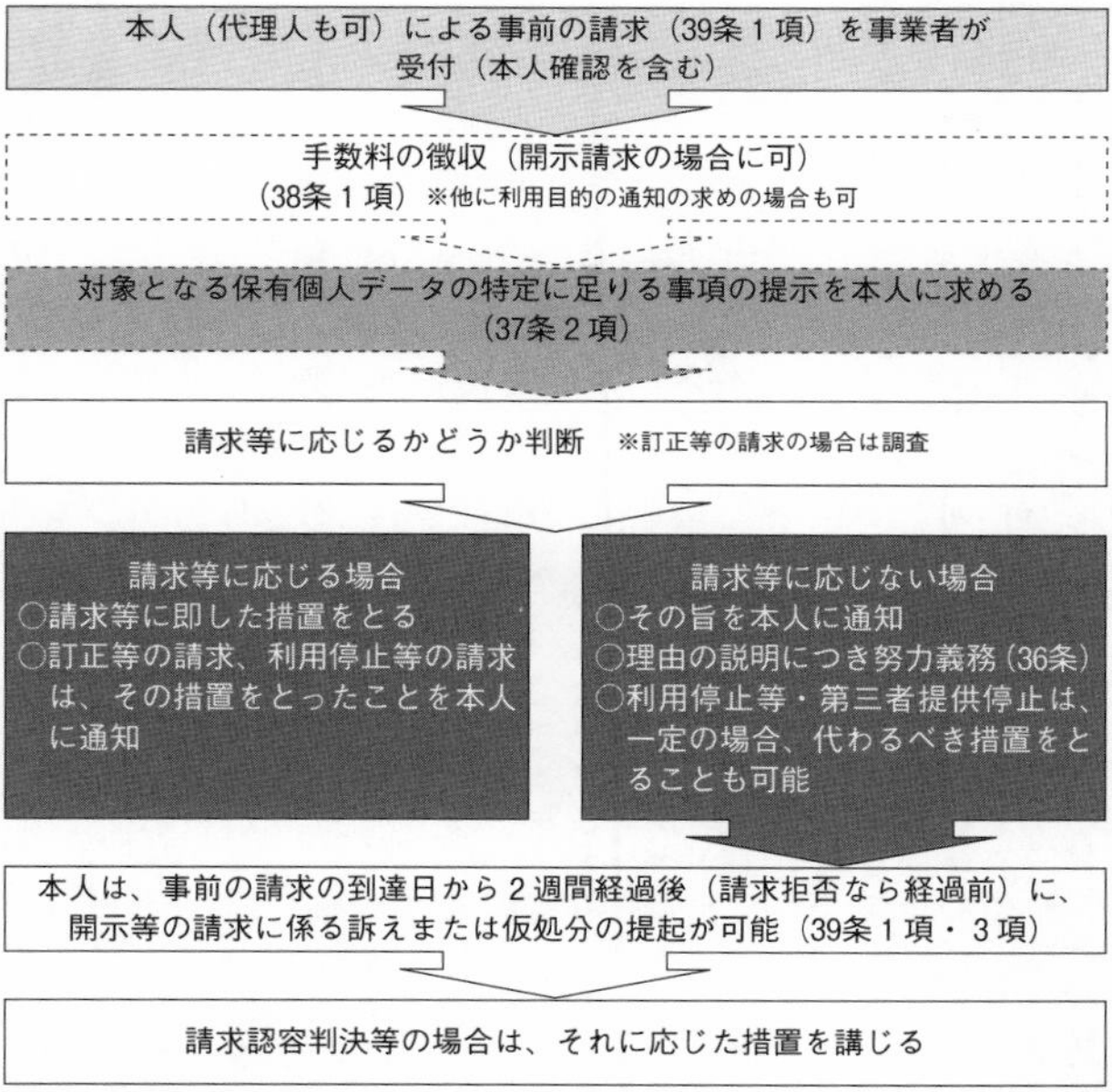
本人（代理人も可）による事前の請求（39条１項）を事業者が受付（本人確認を含む）
手数料の徴収（開示請求の場合に可）（38条１項）※他に利用目的の通知の求めの場合も可
対象となる保有個人データの特定に足りる事項の提示を本人に求める（37条２項）
請求等に応じるかどうか判断　※訂正等の請求の場合は調査
請求等に応じる場合
○請求等に即した措置をとる
○訂正等の請求、利用停止等の請求は、その措置をとったことを本人に通知
請求等に応じない場合
○その旨を本人に通知
○理由の説明につき努力義務（36条）
○利用停止等・第三者提供停止は、一定の場合、代わるべき措置をとることも可能
本人は、事前の請求の到達日から２週間経過後（請求拒否なら経過前）に、開示等の請求に係る訴えまたは仮処分の提起が可能（39条１項・３項）
請求認容判決等の場合は、それに応じた措置を講じる

（注）図表中の点線のものは任意

項）。この請求等に応じる手続きは、手数料額を定めたときは当該額を含めて、本人の知り得る状態（本人の求めに応じて遅滞なく回答する場合を含む）に置いておく必要があります（三二条一項三号）。定めることができる事項は、施行令が定めています。具体的には、開示等の請求等に関し、①申出先、②提出すべき書面・電磁的記録の様式その他の方式、③これを行おうとする者が本人または代理人であることの確認方法、④手数料の徴収方法です。

これらの点を定めることは、義務ではありません。しかし、進んで定めたときは、本人は当該方法に従って開示等の請求等を行わなければなりません（三七条一項）。これを定めておかなかった場合には、いちいち本人と個別協議して決定せざるをえなくなり、本人と事業者の双方に大変重い負担となるケースがあります。したがって、円滑な手続きを実施するためには、面倒がらずに必要な事項を定めて自社サイトに掲載しておくこと（三二条一項三号）が有用です。

特に、②について、施行令は、提出すべき書面の様式だけでなく、「その他の方式」として具体的な受付方法を定めることができるものと定めています。

一般に、来所（来社）、電話、郵送、FAX、電子メールその他オンラインによる方法などが想定されます。こうした手段の中から合理的で適切な手段に限定できます。このうち、電話、FAX、オンラインでの受付は後述の本人確認が困難なケースが多く、受付の時点で手数料を徴収できないことなどが難点です。結局、現時点では、郵送か来所による受付が一般的な方法になっています。これに対し、プロバイダやネット通販が自社の会員に開示するようなときは、事前に決められたIDとパスワードで本人確認ができますので、事前に手数料を徴収しなければ、受付方法としてオンラインを選択することも考えられます。

同様に、電力会社やガス会社のように、本人確認が可能な程度の情報を本人に事前登録してもらっているタイプの事業であれば、生年月日など一定の登録情報、コールバックによる本人確認

図表7－4 本人・代理人確認方法

対象となる場合	確認方法
本人の場合（来所）	運転免許証、健康保険の被保険者証、個人番号カード（マイナンバーカード）表面、旅券（パスポート）、在留カード、特別永住者証明、年金手帳、印鑑証明書と実印
本人の場合（オンライン）	あらかじめ本人が個人情報取扱事業者に対して登録済みのIDとパスワード
本人の場合（電話）	あらかじめ本人が個人情報取扱事業者に対して登録済みの一定の登録情報（生年月日等）、コールバック
本人の場合（送付〔郵送、FAX等〕）	運転免許証や健康保険の被保険者証等の公的証明書のコピーの送付を顧客から受け、当該公的証明書のコピーに記載された顧客等の住所にあてて文書を書留郵便により送付
代理人の場合（来所や送付等）	本人と代理人について以上の書類等のほか、代理権を与える旨の委任状、未成年者の親権者である法定代理人なら本人・代理人がともに記載され続柄が示された戸籍謄抄本・住民票の写し、成年被後見人の法定代理人の成年後見人なら登記事項証明書

を条件に、電話などで受け付けることが合理的な場合もあります。

(2) 本人確認・代理人確認

前記③の確認方法には、重要な意味があります。本人確認が不十分な場合、本人になりすました第三者に対し、重要な保有個人データを誤って開示すると漏えい事故となるからです。後述の代理人による場合も同様です。かといって本人確認に名を借りた過剰負担や過剰取得も困ります。通則指針と委員会のQ＆Aが、適切となる具体的な本人・代理人確認方法を示しています（図表7－4）。オンラインなら登録済みIDとパスワード、それ以外は顔写真入り公的証明書が中心です。

(3) 保有個人データの特定

次に、個人情報取扱事業者は、開示等の請求等に対し、対象となる「保有個人データ」を特定するに足りる事項の提示を本人に求めることができます（三七条二項）。

膨大な保有個人データについて、複数の事業所、部門、年度によって保有を区分しているような場合などに、そのうちのどれに含まれるのか特定されていないことによって、個人情報取扱事業者が業務に支障を及ぼすような重い負担を負うことを回避するための規定です。

この場合、個人情報取扱事業者は、本人が容易かつ的確に開示等の請求等をすることができるように、当該保有個人データの特定に資する情報の提供その他本人の利便を考慮した適切な措置をとらなければなりません（同項）。受付窓口で請求者からの相談に応じて区分状況の説明を行う方法などが想定されます。

(4) 代理人による請求等

第三に、開示等の請求等は、政令で定めるところにより、代理人によることができます（三七条三項）。したがって、その際における代理人の権限などの確認も必要です。施行令は、開示等の請求等ができる代理人を、未成年者または成年被後見人が自ら行うことが困難な場合の便宜を考慮して、それらの者の法定代理人と定めています。また、本人が傷病や遠隔地に在住する場合を考慮して、本人が委任した代理人（任意代理人）も認めています。

その半面、任意代理人の権限を弁護士などの資格を持つ者や家族に限定していないことから、お金儲けを目的に無資格で事件に介入する事件屋などが、代理人の名目で不当に介入するおそれが残りました。金融指針は、こうした任意代理人による開示等の請求等に対して、事業者が本人にのみ直接開示等をすることが許されるとしています。

(5) 本人に過重負担を課さないよう配慮が必要

個人情報取扱事業者は、開示等の請求等に応じる手続きを定めるときは、本人にとって過重負担とならないよう配慮しなければなりません（三七条四項）。過大な不要書類を要求することや、受付窓口をことさら不便な場所に限ることなどが、許されない過重負担の具体例です。

開示等の請求等に対し、本人から請求等を受けた措置の全部または一部について、その措置をとらない旨を通知する場合や、請求等と異なる措置をとる旨を通知する場合は、本人に対し、その理由を説明するよう努めなければなりません（三六条）。

利用目的の通知の求めと開示請求については、実費を勘案して合理的な範囲内で定めた額の手数料を本人から徴収することができます（三八条）。その場合には手数料の額を本人の知り得る状態に置いておく必要があります（三二条一項三号）。

これに対し、訂正等の求めと利用停止等の求めについては、手数料の徴収は認められていません。事業者側に落ち度がある場合が含まれることが想定されているからです。

5 事前の請求

本人は、開示、訂正等または利用停止等の請求（開示等の請求）に係る訴え（民事訴訟）を提起しようとするときは、その訴えの被告となるべき者に対し、事前に当該請求を行い、かつ、その到達日から二週間経過後でなければ訴えを提起できません（三九条一項本文）。

開示等の請求は本人の具体的権利ですが、それに応じるべき要件を満たしているか、事業者が検討の機会も与えられずに、いきなり訴えを提起されるのでは適切といえません。本人にとっても、訴えを提起するよりも、任意に応じてもらうほうが迅速であって、手間や費用負担も軽減されます。このような趣旨から設けられています。

ただし、その例外として、その請求を事業者が拒否しているときは、二週間経過前でも訴えの提起が可能です（三九条一項ただし書き）。無駄な期間を置く意味がないからです。

この事前の請求は、その請求が通常到達すべきであったときに、到達したものとみなされます（三九条二項）。事業者の自己都合などで到達が遅れ、または到達しなかった場合に、「二週間」

の経過が遅れ、訴えの提起も遅れるという不都合を避けるための規定です。

以上の規定は、第三者提供記録の開示請求の場合も含み、本訴を提起するときだけでなく、開示等の請求に係る仮処分命令の申立てについて準用されます（三九条三項）。したがって、事前の請求を経ることなく、これらの仮処分命令を申し立てることもできません。

6 利用目的通知の求め

本人関与として、第一に、本人から、当該本人に関する保有個人データの利用目的の通知を求められたときは、本人に対して遅滞なく通知しなければなりません（三二条二項）。

前述の三二条一項によって本人の知り得る状態に置くべき事項には、「すべての保有個人データの利用目的」が含まれています。そのため、なぜ本人の求めに応じて、重ねて利用目的の通知を要するのか、不思議に感じる人もいるかもしれません。しかし、三二条一項では保有個人データ全体の利用目的を並べれば足りますので、それを見ても、必ずしも個々の保有個人データの具体的な利用目的が明らかになるとは限りません。そのため本項が置かれています。

ところが、あまり実務では使われておらず、かといって廃止する理由もないためか、改正を重ねても同一文言のまま中途半端な形で規定が残され、事前の請求（三九条）の対象にもなっていません。そのため、この求めは本人が出訴できる具体的権利といえないと考えられます。

求めを拒否できる場合として、まず、三二条一項に基づき本人の知り得る状態に置かれている内容によって、その保有個人データの利用目的が明らかな場合には、すでにこうした問題がクリアされていますので、改めて通知を行う必要はありません（三二条二項一号）。

次に、取得に際しての利用目的の本人への通知等に関する適用除外事由のうち、二一条四項一号から三号までに該当する場合にも、求められた通知を行う必要はありません（三二条二項二号）。この点は先に述べた三二条一項の場合と同様です。

これらの規定に基づき、通知を行わないことを決定した場合は、その旨を遅滞なく本人に通知しなければなりません（三二条三項）。この場合、なぜそのような決定を行ったかについての理由も、あわせて通知するよう努めなければなりません（三六条）。

本人から利用目的の通知を求められたときは、その実施に関し手数料を徴収することができますが、その額は実費を勘案して合理的な範囲内で定めなければなりません（三八条）。利用目的の通知の求めに応じる手続きについては、手数料を徴収することや、その額を含めて、本人の知り得る状態に置いておく必要があります（三二条一項三号）。

7　開示

(1)　開示請求

本人は、個人情報取扱事業者に対し、自分に関する保有個人データの開示を請求することができます（三三条一項）。これを開示請求といいます。本人が出訴できる具体的権利ですが、そのためには、本章5節で説明した「事前の請求」（三九条）を経る必要があります。

本人から開示を請求されたときは、実費を勘案して合理的な範囲内で定めた額の手数料を徴収できること（三八条）、手数料の徴収や額を含めて、請求に応じる手続きを、本人の知り得る状態に置く必要があることは（三二条一項三号）、利用目的の通知の求めの場合と同様です。

「開示」とは、開示を請求された保有個人データの存否を含めてその内容を知らせるという意味です。請求された保有個人データが存在しなければ、その旨を知らせることになります。

開示請求をする際、本人は紙の文書によるか、電子データのような電磁的記録によるか、開示方法を選んで指定することができます。開示のデジタル化推進のため、こうした指定が二〇二〇年の改正で認められました。電子データを指定した場合には、いわゆるデータポータビリティ、つまり本人が自分のデータを他サービスなどで使い回すことが可能となります。

開示請求を受けた個人情報取扱事業者は、本人に対し、指定された方法で、遅滞なく、当該保有個人データを開示しなければなりません（三三条二項本文）。しかし、指定された方法によると多額の費用を要するケースのように、その方法による開示が困難なときは、書面の交付による

図表7－5　開示を拒否できる場合（33条2項ただし書き各号）

号	事　項
1	本人または第三者の生命、身体、財産その他の権利利益を害するおそれがある場合
2	個人情報取扱事業者の業務の適正な実施に著しい支障を及ぼすおそれがある場合
3	他の法令に違反することとなる場合

ことができます（同項本文カッコ書き）。もともと紙の名簿類のような書面だけを保有しているにもかかわらず、電子データによる提供を請求されたようなケースです。

(2) 開示を拒否できる場合もある

次に、例外的に、全部または一部の開示を拒める場合があります。具体的には、請求された保有個人データがないときのほか、三三条二項各号（図表7－5）のときです。

請求を受けた保有個人データの全部または一部を開示しないと決定をしたときや、その保有個人データを持っていないときは、本人に遅滞なくその旨を通知しなければなりません（三三条三項）。開示を拒否できる場合に、部分的に該当するだけのときは、その部分を削除、塗りつぶすなどして、残りの部分を開示すること（一部開示）が原則です。

一部でも開示しないときや請求と異なる措置をとるときは、その理由を本人に説明するよう努めなければなりません（三六条）。その理由に納得できない本人は、裁判ができます。全部開示する場合には、その旨の通知や理由の説明も不要です。全部開示によって、本人の請求に全面的に応じたことがわかるからです。

(3)　保有個人データを持っていないとして断るべき場合もある

開示請求については、いくつか懸念すべきケースが想定されます。その一つは、違法な利益供与などを要求する総会屋などから開示請求を受けた場合に対する対処方法です。総会屋とは、企業の弱みにつけ込んで株主総会の議事を妨害するなどの手口で、企業に金品など利益供与を要求する悪質株主です。こうした利益供与の要求は、もちろん違法です。

総会屋による不当要求を防止するため、株式公開企業の総会担当者が、他社との間で総会屋情報を交換するケースが少なくありません。三三条によって総会屋本人から開示請求を受けた場合、開示してしまうと、本人を総会屋として扱っていることが当該本人に知られてしまいます。それをネタに恐喝される危険や、担当者などに対して危害を加えられるおそれがあります。「三三条二項一号または二号にあたる」として開示を拒むこともできますが、それでは「開示はできないが、あなたを総会屋リストに入れている」と伝えるようなものです。

施行令（図表7-1）は、「当該個人データの存否が明らかになることにより、違法又は不当な行為を助長し、又は誘発するおそれがあるもの」を保有個人データから除外しており、そうした総会屋データは、これに該当するものと考えられています。その結果として保有個人データに該当しない以上、「保有していない」と回答すればすみますので、前述のような危険も生じません。

もう一つの深刻なケースとして、父の家庭内暴力が原因で逃げてきた母と子が、被害者支援団体にかくまわれているような場合があります。父が子の法定代理人として、支援団体に対して子を本人とする保有個人データの開示請求をした場合、本条二項一号に該当することを理由に開示を拒むと、子らをかくまっていることが父にバレてしまいます。

このケースでは、施行令の「当該個人データの存否が明らかになることにより、本人又は第三者の生命、身体又は財産に危害が及ぶおそれがあるもの」に該当し、先の総会屋データの場合と同じように、保有個人データから除外されます。したがって、やはり「保有していない」と回答することができ、それによって前述のような危険も生じなくなります。

以上のとおり、この施行令を適切に使って、開示請求の悪用に対処することができます。

(4) 他の法令の規定で別途開示手続きが定められている場合

他の法令の規定により、別途、開示の手続きが定められている場合には、当該別途の開示の手続きが優先されます（三三条四項）。会社法が定める株主名簿その他を株主の閲覧などに供する場合が具体例です。開示手続きの重複を避けるための規定です。

(5) 第三者提供記録の開示

二〇二〇年の改正で、自分の第三者提供記録も、以上に述べた方法によって開示請求が可能になりました（三三条五項）。これによって本人は自分のデータに関する第三者提供の状況が把握可能になりました。ただし、その存否が明らかになると公益その他の利益が害されるものとして政令で定める第三者提供記録は、対象から除かれます（同項カッコ書き）。(3)で述べた保有個人データに関する施行令と同様の趣旨から図表7-1と同内容の規定が施行令に設けられました。

8 訂正等

本人は、個人情報取扱事業者に対し、自分に関する保有個人データの内容が事実でないときは、当該保有個人データの内容の訂正等（訂正、追加または削除）を請求することができます（三四条一項）。これを「訂正等の請求」といいます。「事前の請求」（三九条）を要します。

不正確なままの状態で自分に関する保有個人データが取り扱われることによって、本人の権利利益が侵害されることを防止しようとする趣旨の制度です。それが保有個人データに該当する限度で、データ内容の正確性の確保に関する二二条の実効性が確保されます。

「内容が事実でない」とは、当該保有個人データの内容が客観的な〝事実〟と異なっているという意味です。したがって、客観的事実ではなく、主観的な判断、意見、評価などについての「見解の相違」である場合には訂正等の対象になりません。従業員が勤務先の事業者に対し人事考課の評価結果の訂正等を求めることは、本項の適用対象となりません。しかし、評価などの前提となった、無断欠勤の有無のような事実の誤認は訂正等の対象になります。

行政機関等が相手なら、先に開示決定を受けなければ訂正請求できませんので（九〇条一項）、それに続いて訂正請求する際に対象情報の特定は事実上問題となりません。これに対し、個人情報取扱事業者が相手なら開示請求を経ずに訂正等の請求ができます。そのため、保有個人データを特定するに足りる事項の提示を三七条二項に基づいて本人に求めることができます。

この請求を受けた個人情報取扱事業者は、利用目的の達成に必要な範囲内で遅滞なく必要な調査を行い、その結果に基づき内容の訂正等を行わなければなりません（三四条二項）。

訂正等の対象は「利用目的の達成に必要な範囲内」に限られます。したがって、特定の過去の時点における事実を記録しておくことが利用目的であるような場合には、現在の事実にあわせて訂正等を行う必要はありません。

個人情報取扱事業者は、訂正等を行ったとき、または訂正等を行わない旨の決定をしたときは、本人に遅滞なくその旨を通知しますが、訂正等を行ったときはその内容も通知に含めます（三四条三項）。通知しなければ本人に結果がわからないからです。一部でも訂正等を行わないときは、その理由を本人に説明するよう努めなければなりません（三六条）。

訂正等に関して他の法令により特別の手続きが定められている場合には、当該特別の手続きが優先されます（三四条二項）。手続きの重複を避けるためです。タクシー業務適正化特別措置法によって、登録運転者の登録事項変更手続きを指定登録機関が行う場合が、その具体例です。

9　利用停止等

(1)　利用停止等の請求

三五条は、利用停止等の請求と、第三者提供停止の請求について規定しています。

まず、利用停止等の請求ですが、本人は、個人情報取扱事業者に対し、自分に関する保有個人データが、①利用目的による制限（一八条）、②不適正な利用の禁止（一九条）、または、③適正な取得（二〇条）に違反しているものであれば、その利用停止等（利用停止または消去）を請求できます（三五条一項）。「事前の請求」（三九条）を要します。

請求を受けた事業者は、請求に理由があると判明したときは、違反の是正に必要な限度で、遅滞なく、当該保有個人データの利用停止等を行わなければなりません（三五条二項本文）。

対象は一八条・一九条または二〇条違反の場合に限られています。したがって、それ以外の場合には、(3)で後述する場合を除き、利用停止等の請求理由とはなりません。

利用停止等は、違反の是正に必要な限度と明文で規定されています。したがって、一切の取扱いについて本人から利用停止等を請求された場合であっても、必ずしもそれに応じる必要はなく、違反部分だけの利用停止等を行えば足ります。

とはいっても、DMの発送を利用目的としているため、いくら利用停止等の対象にならないからといって、嫌がって「止めてほしい」と言ってきた本人に対し、わざわざ手間と経費をかけてDMを送り続けることが本当にマーケティングとして意味があるのか疑問です。むしろ、DMの発送中止を求められたときは、進んでこれに応じて発送を中止することこそが、企業として顧客満足度を高めることになるはずです。この法律が定めている権利義務は最小限のものにすぎず、事業者として自主的な取組みを行うことが求められているからです。

請求に理由があるときでも、「多額の費用を要する場合その他の利用停止等を行うことが困難な場合であって、本人の権利利益を保護するため必要なこれに代わるべき措置をとるとき」は当該措置をとれば足り、利用停止等を行う必要がありません（三五条二項ただし書き）。

どのような代替措置が認められるのかについては、具体的な事案に応じて、事業者の負担と個人の権利利益の侵害や救済の程度を総合的に判断されます。一般的には、大量部数の名簿を出版している場合に、その一部分のみが利用目的の範囲外であったようなときに、全部を回収して修正版を再印刷する代わりに、本人に金銭で補償するようなケースが想定されます。

(2) 第三者提供停止の請求

本人は、個人情報取扱事業者に対し、自分が識別される保有個人データが、第三者提供の制限（二七条一項・二八条）に違反して第三者提供されているときは、提供の停止を請求できます（三五条三項）。裁判をするためには「事前の請求」（三九条）を経る必要があります。

この請求を受けた個人情報取扱事業者は、請求に理由があると判明すれば、遅滞なく、当該保有個人データの第三者提供を停止しなければなりません（三五条四項本文）。

この場合も、「多額の費用を要する場合その他の第三者への提供を停止することが困難な場合であって、本人の権利利益を保護するため必要なこれに代わるべき措置をとるとき」は、その代替措置をとれば足り、当該第三者提供の停止を要しません（三五条四項ただし書き）。

(3) 本人の権利や正当な利益が害されるおそれがある場合

本人は、自分の保有個人データについて、その個人情報取扱事業者が不要になった場合、重大な漏えい等のおそれ（二六条一項）が生じた場合その他自分の保有個人データの取扱いによって自分の権利や正当な利益が害されるおそれがある場合には、その保有個人データの利用停止等や第三者提供の停止を請求することができます（三五条五項）。電話勧誘を受けて断ったにもかかわらず、再勧誘を繰り返すような場合（特定商取引法一七条違反）が具体例です。

この請求に理由があることが判明したときは、その事業者は、本人の権利利益の侵害を防止するために必要な限度で、遅滞なく、その保有個人データの利用停止等または第三者提供の停止の措置をとらなければなりませんが、それに多額の費用を要する場合や法定保存義務がある場合など、この措置を行うことが困難なときは、本人の権利利益の保護に必要な代替措置をとることができます（三五条六項）。金銭補償や法定保存期間の満了後の消去を約束するような場合です。

本条五項・六項は二〇二〇年の改正で新設されました。事業者の負担も考慮しつつ保有個人データに関する本人関与を強化するため、個人の権利利益の侵害がある場合を念頭に、利用停止等の請求、第三者提供停止の請求の要件を緩和して、個人の権利範囲を拡大したものです。

(4) 本人への通知

以上の場合に、請求された停止等を行うか決定した事業者は、本人に遅滞なくその旨を通知しなければなりません（三五条七項）。本人が自分の請求に応じられたのかを知るためです。その際、本人の請求に一部でも応じないときは、理由を本人に説明するよう努めなければなりません（三六条）。これによって、本人は裁判に進むかどうかを検討することになります。

第8章　「仮名加工情報」に関する民間部門の義務

1　仮名加工情報制度が新設された背景

「仮名加工情報」の制度に関する一連の規定が、二〇二〇年の改正で新設されました。個人情報を、単体では個人を識別・特定できないように加工すること（仮名加工）によって、再識別禁止、内部利用への限定などを条件に、個人情報に関する義務を一部緩和する制度です。

二〇一五年の改正で導入された匿名加工情報制度（第9章参照）は、加工基準の複雑性などのため、必ずしも普及していません。そこで、より簡便で明確な加工基準に従い仮名加工することによって、それが単体で漏えいした場合に本人が受ける権利利益の侵害リスクを相当程度低下させる一方、義務の適用緩和によって自由な内部分析（たとえばＡＩの機械学習）などに限って認めることによりイノベーション促進を図るため、この制度が導入されました。

このように、個人情報と匿名加工情報との中間的な存在として位置付けられています。

2　仮名加工情報とは何か

「仮名加工情報」とは、他の情報と照合しない限り特定の個人を識別できないように個人情報を仮名加工した個人に関する情報です（二条五項柱書）。仮名加工とは、加工元となる個人情報（原情報）の識別性のある「記述等」や「個人識別符号」を削除・置き換えるというものです（同項各号）。典型例は、原情報にある氏名や旅券番号を削除するような場合です。いわば単体識別性を失わせるための加工です。このようにして削除された情報や加工方法に関する情報のことを「削除情報等」と呼んでいます（四一条二項）。

かといって、仮名加工情報を作った事業者には、原情報や削除情報等を消してしまう義務はありません。そのため、他の情報と照合すれば誰の情報なのか識別できる場合なら、仮名加工情報も個人情報であることに変わりがありません。このような状態にある限度で、仮名加工情報には原則として個人情報に関する義務が適用されます。同様の理由で個人データ、保有個人データに該当するときは、それに関する義務規定が適用されます（特則については後述）。

図表８－１　仮名加工情報制度（民間部門）

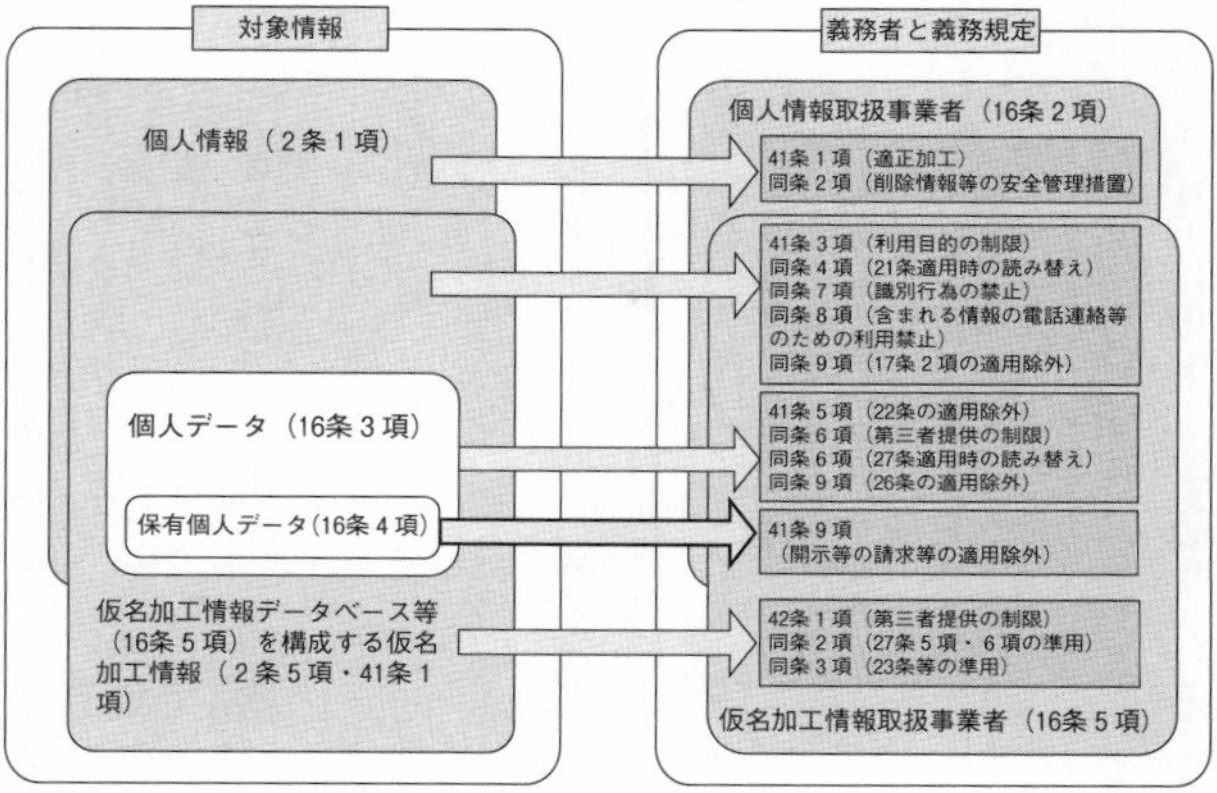

　他方で、いくら単体識別性を失っていても、その加工基準は緩やかであるうえ、自由に復元（再識別化）が認められると、個人情報に関する義務の適用を緩和したこととのバランスが図れません。そのため、照合などによる復元が禁止されています（四一条七項・四二条三項）。

　仮名加工情報に関する事業者の義務は、この法律の第四章第三節が定めています。その対象情報は、仮名加工情報の中でも「仮名加工情報データベース等」（一六条五項）を構成するものに限られています（四一条一項）。これは、先に導入された匿名加工情報制度にならったものです。

　仮名加工情報の制度趣旨や特質に合うよう、個人情報に関する義務の適用が緩和され、もしくは変容した規定となっています。たとえば、保有個人データに該当するときでも、開示等の請求等

（三七条～三九条）の対象にはなりません（四一条九項）。条文構成が入り組んでいて複雑ですので、以下、できる限りわかりやすく並べ替えて解説します。

3　作成する際の適正加工義務

仮名加工のためには、委員会の規則が定める基準に従う必要があります（四一条一項）。施行規則は、①氏名等の特定の個人を識別できる記述等、②個人識別符号、③クレジットカード番号など財産的被害が生じるおそれのある記述等の削除・置換を要求しています。置換といっても、簡単に見破られて復元されるのでは不十分です。そのため、置き換える場合には、復元できる規則性がない方法による必要があります（図表8－2）。

こうした取得ずみ個人情報の「加工」は「取得」といえないので、加工して作成した仮名加工情報の利用目的を、改めて特定（一七条一項）や通知等（二一条）をする義務を負いません。

ところで、安全管理措置を図るために加工した結果、意図せず仮名加工情報の要件を満たす情報ができたようなときでも、仮名加工情報に関する義務を負うのでしょうか。こうした情報は仮名加工情報といえないと考えられています。それは本項が「仮名加工情報……を作成するとき」として、意図的に仮名加工情報を作る場合に限定しているからです。

図表８－２　仮名加工情報の適正加工基準（施行規則）

号	内　容
1	個人情報に含まれる特定の個人を識別することができる記述等の全部又は一部を削除（例：会員ID、氏名、年齢、性別、サービス利用履歴が含まれる個人情報を加工する場合に、氏名の削除）
2	個人情報に含まれる個人識別符号の全部を削除
3	個人情報に含まれる不正に利用されることにより財産的被害が生じるおそれがある記述等を削除（例：クレジットカード番号を削除、送金や決済機能のあるウェブサービスのログインID・パスワードを削除）

※各号ともに、削除に代えて当該全部又は一部の記述等を復元できる規則性がない方法により他の記述等（例：ランダムに生成したID）に置き換えることを含みます。

４　仮名加工情報と安全管理措置

このように、仮名加工情報は単体では識別性がありませんので、安全管理（セキュリティ）を図るためにも有効な方法です。そのため、仮名加工情報だけが漏えいした場合には、通常の個人データの場合と異なり、個人の権利利益の侵害リスクが低いので、個人データに該当しても漏えい等の報告等（二六条）の義務を負いません（四一条九項）。

他方で、仮名加工情報に関する削除情報等が漏えいした場合、これを取得した者が悪用して仮名加工情報を復元するおそれがあります。そこで、こうした削除情報等を安全管理措置義務の対象としており（四一条二項）、その基準を

図表8－3　加工方法等情報の安全管理措置の基準（施行規則）

号	内　容
1	加工方法等情報を取り扱う者の権限と責任を明確に定めること
2	加工方法等情報の取扱いに関する規程類を整備し、当該規程類に従って加工方法等情報を適切に取り扱うとともに、その取扱いの状況を評価し、その結果に基づき改善を図るために必要な措置を講ずること
3	加工方法等情報を取り扱う正当な権限がない者による加工方法等情報の取扱いを防止するために必要かつ適切な措置を講ずること

施行規則が定めています（図表8－3）。

仮名加工情報や削除情報等が不要になれば、遅滞なく消去するよう努めますが、正確性の確保は不要です（同条五項）。

5　仮名加工情報と利用目的

個人情報にも該当する仮名加工情報の取扱いは、通常の個人情報の場合と同様に、利用目的の範囲内に限られます（四一条三項）。この利用目的は、加工前の個人情報に関する利用目的が引き継がれます。

しかし、これを貫くと、イノベーションの促進という仮名加工情報制度の存在意義がなくなりかねません。そこで、取得後における利用目的変更の制限（一七条二項）を、仮名加工情報には適用しないと定めています（四一条九項）。これによって、本人同意を取得することなく利用目的の事後的変更が自由に認められます。その結果、加工前の個人情報に関する利用目的の範囲外でも、これを変更して事業者内部における分析などのための自由利用が可能になります。変更後の利用目的について公表する必要があり（同条四項による二一条の読み替え適用）、それによって透明性が図られます。

通常の個人情報について一八条三項各号で許されている目的外利用は、仮名加工情報については原則として認められません（四一条三項）。仮名加工情報を作成した事業者は、加工前の原情報を持ち続けていることが通常ですので、それを一八条三項各号によって目的外利用するほうが適切だからです。ただし、法令に基づく仮名加工情報の利用を否定する理由はありませんので、その場合に限って、同項は仮名加工情報の目的外利用を認めています。

同条三項以下の各項は、義務の名宛人を、個人情報取扱事業者であり、かつ仮名加工情報取扱事業者である者としています。仮名加工情報取扱事業者とは仮名加工情報データベース等を事業の用に供している者のことです（一六条五項）。換言すれば、「個人情報取扱事業者が事業で仮名加工情報データベース等を利用するときは」という程度の意味しかありません。

仮名加工情報では、本人を識別できる記述等が削除されていても、それに含まれる電話番号などを使って、本人の意に反した連絡・接触などが行われ、それによって本人が不利益を受けるおそれがあります。そのため、仮名加工情報に含まれる連絡先その他の情報（電話番号、メールアドレスなど）を利用して、本人に連絡や接触などをすることが禁止されています（四一条八項）。

6　仮名加工情報の第三者提供の制限と提供先の義務

仮名加工情報の第三者提供は禁止されています（四一条六項）。この制度は、内部分析によるイノベーション促進を目的としており、これを取得した悪意者による復元行為を防止するためです。誰が本人なのか単体識別性がない性格上、本人同意による第三者提供も許されません。

例外的に、法令に基づく場合には、仮名加工情報を単体で外部に第三者提供することを同項は認めています。委託、事業承継にともなう提供、共同利用も認められます（同項により二七条五項・六項を一部読み替えて適用）。それによって提供を受けた事業者は、削除情報等と照合できない立場なので、その提供先事業者にとって、当該仮名加工情報は個人情報に該当しません。仮名加工後に、原情報と削除情報等を消去してしまった事業者の場合も同様です。

そこで、そうした事業者を「仮名加工情報取扱事業者」として位置付けたうえ、その義務を定めるのが四二条です。仮名加工情報取扱事業者の意味は前述しましたが、このような事業者は、個人情報取扱事業者に該当するとは限りませんので、こうした別概念が設けられました。一六条二項各号に掲げる者、つまり公的部門に属する者が除かれる点では（同条五項ただし書き）、個人情報取扱事業者の場合と同様です。

この個人情報に該当しない仮名加工情報に関し、四二条は、①法令に基づく場合を除き第三者提供を禁じていますが（一項）、②委託、事業承継にともなう提供、共同利用は認め（二項で二七条五項・六項を一部読み替えて準用）、③安全管理措置義務を負わせ（三項で二三条～二五条を一部読み替えて準用）、④苦情処理に努めるものとして（三項で四〇条を準用）、⑤識別行為と連絡等を禁止しています（三項で四一条七項・八項を一部読み替えて準用）。

第9章　「匿名加工情報」に関する民間部門の義務

1　匿名加工情報制度が新設された背景

「匿名加工情報」制度はビッグデータの利活用のため二〇一五年の改正で導入されました。ビッグデータに、個人に関するデータ（いわゆるパーソナルデータ）が含まれるときは有用性が高い半面、プライバシーなど個人の権利利益との関係が問題となります。論理的には、個人識別性を失わせて匿名化すれば、個人情報にも個人データにも該当しなくなるので、匿名化したうえで自由に利活用・流通させようとする計画が数多く立てられてきました。

そうした計画を事業者などが発表するつど、一部の反対派によって大規模なネット炎上騒動へと発展するなどして、計画が中止に追い込まれる事態が相次いできました。そこで、こうした紛争が発生する原因は、パーソナルデータを利活用するためのルールが不明確なことにあるとして、その自由な利活用を促進して有用性を確保するために、ルールの明確化を図るべく、この改正によって「匿名加工情報」制度が新設されました。

2 匿名加工情報とは何か

(1) 匿名加工情報の定義

「匿名加工情報」とは、特定の個人を識別できないように個人情報を加工して得られる個人に関する情報であって、当該個人情報を復元できないようにしたものです(二条六項柱書)。

個人識別性を失わせ(非識別化)、かつ、復元(再識別化)できないように加工するものですが、あらゆる手法で特定・復元ができないよう技術的側面から一切の可能性を排除することまでを要求する趣旨ではありません。少なくとも、一般人や一般的な事業者の能力、手法などを基準に当該情報を通常の方法によって特定・復元できないような状態にすれば足ります。先に説明した「個人情報」における個人識別性の基準と表裏一体の関係です。

こうした匿名加工の措置が定められるとともに(二条六項・四三条一項)、再識別化を防止するため、別途、四三条五項と四五条によって識別行為の禁止が定められています。

加工元となる個人情報が個人識別符号（二条二項）を含むものかどうかによって、「匿名加工」に要する「措置」の内容が二条六項で区分される一方、後述の四三条一項に基づく施行規則で加工基準が具体化されています。この基準については本章3節(2)で詳しく説明します。

(2) 匿名加工情報データベース等

「匿名加工情報データベース等」という概念も、あわせてこの改正で導入されました。これは、匿名加工情報を含む情報の集合物であって、①特定の匿名加工情報を電子計算機を用いて検索できるように体系的に構成したもの、②その他特定の匿名加工情報を容易に検索できるように体系的に構成したものとして政令で定めるものです（一六条六項カッコ書き）。

検索とは、一定の商品購入者に対する匿名加工情報アンケート集から、「京都市在住の三〇代女性」を回答者とするアンケート結果のデータベースをコンピュータでキーワード検索して、当該商品の価格設定や品質満足度に関する意見の回答結果を抽出するようなケースです。

②の場合には、「容易に検索」できることが要件とされています。施行令は、匿名加工情報が規則的に整理されたもので、目次や索引が付けられている場合としています。

これらの点は、個人識別情報における個人情報データベース等の概念（一六条一項）に対応しています。したがって、その〝非個人識別情報版〟とでも呼ぶべきものです。

(3) 匿名加工情報データベース等を構成する匿名加工情報に関する義務

匿名加工情報それ自体は、個人識別性を失ったものですので、もはや個人情報に該当しません。匿名加工情報データベース等それ自体も、個人識別性を失った情報の集合体にすぎません。したがって、どちらも、本来は全体として、また、その構成部分も復元（再識別化）されない限り、個人情報、個人データ、そして保有個人データに関する義務の対象になりません。

しかし、この法律は、匿名加工情報データベース等を構成する匿名加工情報に関し、これを自ら作成する個人情報取扱事業者の義務、および、その提供を他人から受けて取り扱う匿名加工情報取扱事業者の義務を定めています。前述のとおり、個人情報等の有用性を確保するためにルールの明確化を図ることを目的とするものです。

それぞれの義務の内容は、個人識別情報の場合における個人データに関する義務の内容と類似しています。とはいえ、非個人識別情報にすぎない匿名加工情報について、個人識別情報である個人データの場合よりも広範囲の対象情報に関し義務を負わせるというのも不合理です。そのため、匿名加工情報に関する義務の対象情報についても、個人識別情報である個人データの場合に対応したものに限定するべく、匿名加工情報データベース等を構成するものだけを対象としています（四三条一項カッコ書き）。したがって、匿名加工情報が匿名加工情報データベース等を構成しないものであれば、これらの義務の対象情報となりません。

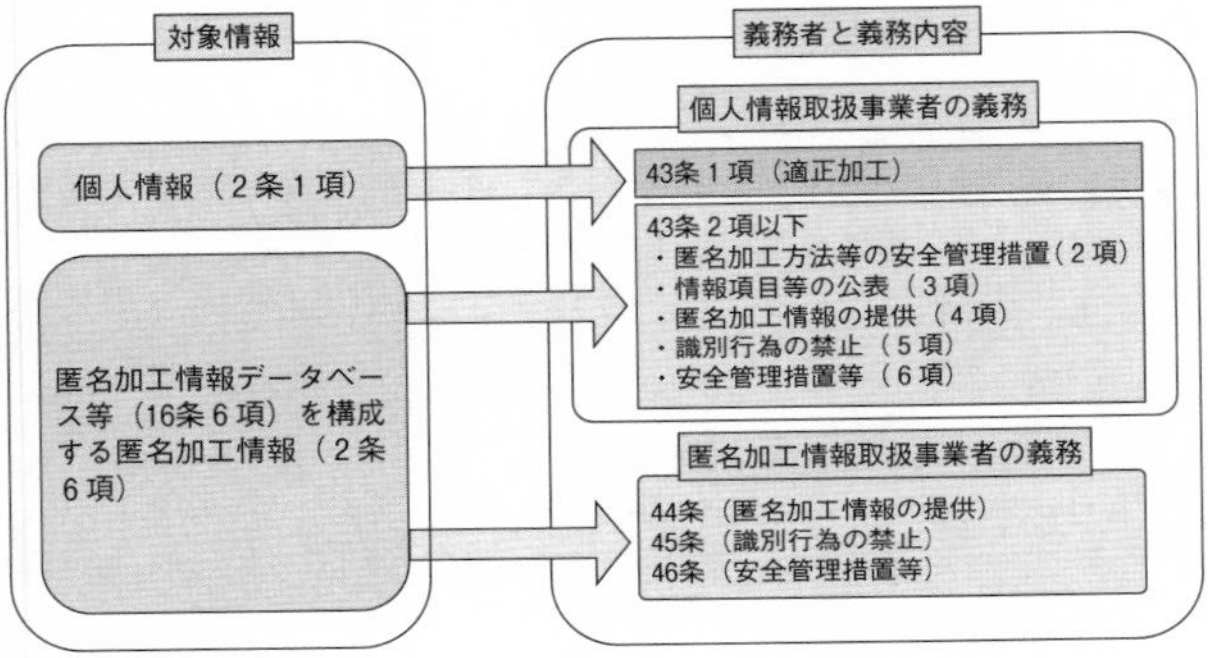

図表9－1　匿名加工情報に関する義務の概要

匿名加工情報データベース等を構成するものに限定した理由として、他にも、データベース等になった場合には、単なる断片情報にすぎない場合とくらべて大量なので個人の権利利益を害するおそれが高まり、サンプル数が多いため匿名加工時のアルゴリズムを発見される危険が増すことなどの点が指摘されています。

義務の全体像は図表9－1のとおりです。以下、詳しく述べます。

3　個人情報取扱事業者が匿名加工情報を自ら作成する場合の義務

(1) 義務の対象

四三条は、個人情報取扱事業者が匿名加工情報を自ら作成する場合の義務を定めています。

対象情報は、前述のとおり匿名加工情報データベース等を構成する匿名加工情報に限られます（同条一項カッコ書き）。したがって、断片情報たる単なるメモ書きから個人の住所氏名などを黒塗りして匿名加工する場合には、本条の義務の対象にはなりません。匿名加工情報データベース等を構成するものとはいえないからです。通常は個人情報データベース等から所定項目を削除などする方法で作成されます。

本条の義務を負う者（対象者）は個人情報取扱事業者です。したがって、個人情報取扱事業者に該当しない者が匿名加工情報を作成する際には適用されません。これに該当しない者とは、国の行政機関のような公的部門（一六条五項ただし書き）や、民間部門に属する者でも事業者といえない場合です。後者は個人が純然たる趣味で行うようなケースです。

しかも、匿名加工情報データベース等を構成する匿名加工情報を自ら作成する個人情報取扱事業者に限られています。四三条各項では自ら「作成する」「作成した」「作成して」が要件とされているからです。したがって、本条の対象者たる個人情報取扱事業者は〝匿名加工情報データベース等作成者〟とでも呼ぶべき者です。これに対し、他人が作成した匿名加工情報を取り扱う場合については、本条ではなく四四条から四六条までの規定が別に用意されています。

匿名加工情報データベース等を構成する匿名加工情報を、自ら作成する個人情報取扱事業者に課される義務は、図表９－２の内容です。

図表9－2　匿名加工情報を自ら作成する個人情報取扱事業者の義務

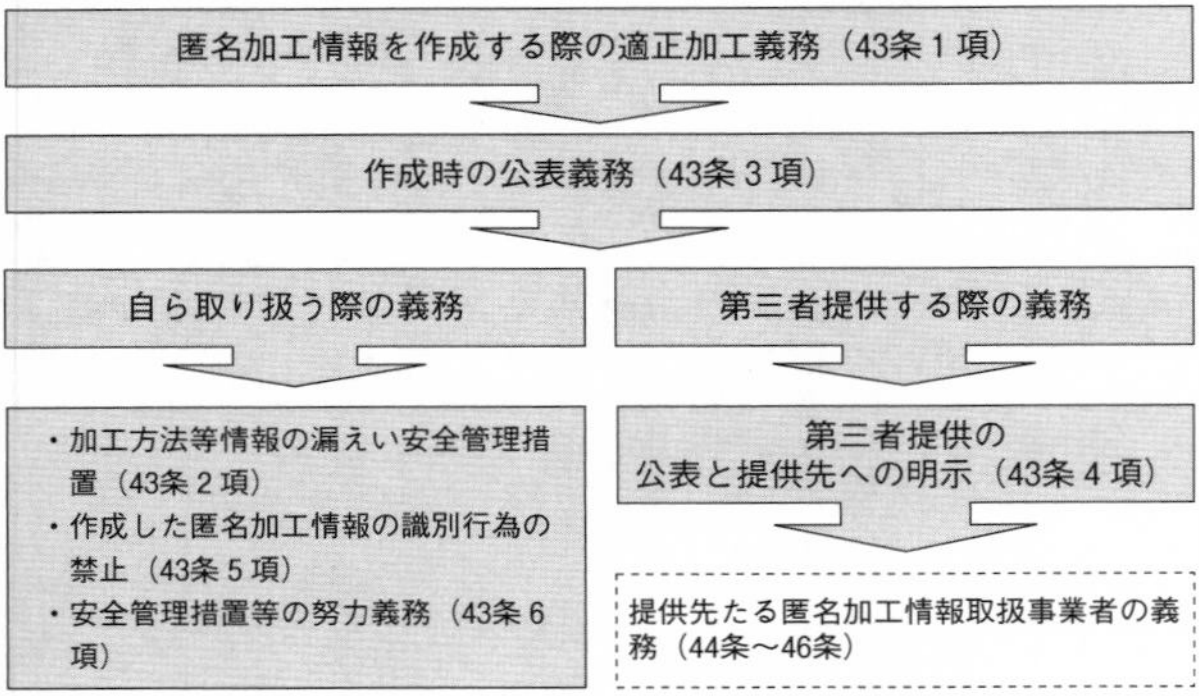

(2) 作成する際の適正加工義務

第一に、これを作成するときは、特定の個人を識別することおよびその作成に用いる個人情報を復元できないようにするために必要なものとして委員会の規則で定める基準に従い、当該個人情報を加工しなければなりません（四三条一項）。これを「適正加工義務」といいます。

もともと個人識別性という概念は程度問題ですので、技術的に見て少しでも識別可能性や再識別化の可能性が残されているはずだとして騒動に発展するようでは、パーソナルデータに関するビッグデータの自由な利活用・流通の促進は図れません。かといって、ずさんな方法でも足りるとすると、個人の権利利益を害するおそれが残ります。そこで、事前に客観的な基準を設けて明確化を図ろうとする趣旨の規定です。

加工元となる個人情報が個人識別符号（二条二項）を含むものかどうかによって、「匿名加工」に要する「措置」の内容が、まず二条六項で次の二つのタイプに大別されます。

個人識別符号を含まない個人情報（二条一項一号）を加工元情報とするときは、当該個人情報に含まれる記述等の一部を削除することによって、匿名加工情報となります（二条六項一号）。削除の対象となる記述等とは、個人識別性を有する部分です。以下、「一号匿名加工情報」といいます。これに対し、個人識別符号を含む個人情報（二条一項二号）を加工元情報とするときは、その個人識別符号の全部を削除して、匿名加工情報とします（二条六項二号）。一号匿名加工情報の場合と違って、個人識別符号それ自体に個人識別性があるからとされています。以下、「二号匿名加工情報」といいます。

以上を踏まえて、四三条一項に基づき適正な加工基準が委員会の規則（施行規則）に委ねられています。これはパーソナルデータを取り巻く環境の急速な変化に迅速に対応するためです。

施行規則は図表9－3のとおり定めています。

(3)　加工方法等に関する情報等の漏えい防止措置

第二に、これを作成したときは、作成に用いた個人情報から削除した記述等や個人識別符号、行った加工方法に関する情報の漏えい防止に必要なものとして委員会の規則で定める基準に従い、

図表9－3　匿名加工情報の適正加工基準（施行規則）

号	内　容
1	個人情報に含まれる特定の個人を識別できる記述等の全部または一部の削除（当該全部または一部の記述等を復元できる規則性のない方法により他の記述等に置き換えることを含む）
2	個人情報に含まれる個人識別符号の全部を削除（当該個人識別符号を復元しうる規則性のない方法により他の記述等に置き換えることを含む）
3	個人情報と当該個人情報に措置を講じて得られる情報とを連結する符号（現に個人情報取扱事業者において取り扱う情報を相互連結する符号に限る）の削除（当該符号を復元できる規則性のない方法により当該個人情報と当該個人情報に措置を講じて得られる情報を連結できない符号への置き換えを含む）
4	特異な記述等の削除（当該特異な記述等を復元しうる規則性のない方法により他の記述等への置き換えを含む）
5	前各号の措置のほか、個人情報に含まれる記述等と当該個人情報を含む個人情報データベース等を構成する他の個人情報に含まれる記述等との差異その他の当該個人情報データベース等の性質を勘案し、その結果を踏まえて適切な措置を講ずること

これらの安全管理措置を講じなければなりません（四三条二項）。削除部分や加工方法などが漏えいしてしまうと、それを用いて再識別化されるおそれがありますので、その漏えい防止策を講じる義務を定める趣旨の規定です。

施行規則は、匿名加工情報の作成に用いた個人情報から削除した記述等および個人識別符号ならびに四三条一項により行った加工方法に関する情報（その情報を用いて当該個人情報を復元することができるものに限る）を「加工方法等情報」として位置付け、その安全管理措置の基準を図表9－4のとおり定めています。

(4)　作成した匿名加工情報の項目の公表

図表9－4　施行規則が定める加工方法等情報の安全管理措置の基準

号	内　容
1	加工方法等情報を取り扱う者の権限と責任を明確に定めること
2	加工方法等情報の取扱いに関する規程類を整備し、当該規程類に従って加工方法等情報を適切に取り扱うとともに、その取扱いの状況について評価を行い、その結果に基づき改善を図るために必要な措置を講ずること
3	加工方法等情報を取り扱う正当な権限を有しない者による加工方法等情報の取扱いを防止するために必要かつ適切な措置を講ずること

第三に、これを作成したときは、当該匿名加工情報に含まれる個人に関する情報の項目の公表を要します（四三条三項）。本人に対する透明性と委員会の監督を確保するためです。

公表について、施行規則は、匿名加工情報の作成後、遅滞なく、インターネットなど適切な方法で行うものとしていますが、事業者Aが他の事業者Bの委託を受けて匿名加工情報を作成した場合はBが公表し、これをもってAが当該項目を公表したものとみなしています。

(5)　作成した匿名加工情報の第三者提供

第四に、作成した匿名加工情報を第三者に提供するときは、事前に、提供される匿名加工情報に含まれる個人に関する情報の項目と提供方法を公表し、当該第三者に対して、当該提供情報が匿名加工情報である旨を明示しなければなりません（四三条四項）。

前段は、公表によって本人に対する透明性と委員会の監督を図る趣旨の規定です。後段は、匿名加工情報の提供であることを提供先の事業者に知らせることによって、後述の四四条以下に定める義務を遵守させようとする趣旨の規定です。

公表について、施行規則は、インターネットなど適切な方法で、明示は、電子メールの送信、書面の交付その他の適切な方法で行うと定めています。

(6) 識別行為の禁止

第五に、作成した匿名加工情報を自ら取り扱う際には、本人を識別するために、当該匿名加工情報を他の情報と照合することが禁じられています（四三条五項）。

本項の趣旨は、自ら匿名加工情報を作成した事業者には、当該匿名加工情報の利活用が制限されておらず、作成時に匿名加工のために削除した情報を保有し続けることも禁じられていないので、再識別化のための照合を禁止する規定を設けたというものです。

とはいえ、識別化のために役立つのは元情報に限りません。そのため、本項は、「本人を識別するため」という目的である限り、元情報よりも広く「他の情報」と照合することを禁止しています。この目的がないときは本項違反となりませんが、偶然に識別できてしまったような場合には、識別できた時期以降は、それを個人情報として扱わなければなりません。

(7)　安全管理措置等の努力義務

第六に、作成した匿名加工情報データベース等を構成する匿名加工情報の適正な取扱いの確保に必要な措置を自ら講じ、かつ、当該措置の内容を公表するよう努めなければなりません（四三条六項）。本項は、「措置」の対象について、当該匿名加工情報の安全管理措置、当該匿名加工情報の作成その他の取扱いに関する苦情の処理を掲げていますが、これらは例示にすぎず、「適正な取扱いの確保」全般が対象となります。

個人データの安全管理措置は二四条以下で法的ペナルティ付きの義務とされているのに対し、こちらは法的ペナルティのない努力義務とされています。個人情報に関する苦情処理は四〇条で努力義務とされていますので、同条の〝匿名加工情報版〟ということができます。

4　匿名加工情報取扱事業者の義務

(1)　義務の対象

四四条から四六条までの規定は、匿名加工情報取扱事業者が、他人が作成した匿名加工情報を取り扱う際の義務を定めています。

これらの義務を負う者は匿名加工情報取扱事業者です。これは匿名加工情報データベース等を事業の用に供している者です（一六条六項）。このような者は、必ずしも個人情報取扱事業者に該当するとは限りませんので、こうした別概念が設けられました。同条二項各号に掲げる者、つまり公的部門に属する者が除かれます（同条六項ただし書き）。

四四条から四六条までの規定の対象情報も、匿名加工情報のうち、匿名加工情報データベース等を構成するものに限られています（四三条一項カッコ書き）。しかし、自ら個人情報を加工して作成したものを除きます（四四条カッコ書き）。他方で、これらの規定の対象情報には、行政機関等が保有する個人情報について、匿名化のための加工をして民間部門に提供する行政機関等匿名加工情報制度（一〇九条～一二三条）によって取得した情報も含まれます。したがって、他人が作成したこれらの情報を受け取ったケースのみが、これらの規定の対象となります。

以上を整理すると、これらの規定は、原則として民間事業者のうち、匿名加工情報データベース等を事業の用に供している者が、他人が作成した匿名加工情報データベース等を構成する匿名加工情報を受け取って取り扱う際に遵守すべき義務を定めたものということができます。

(2) 匿名加工情報の提供

匿名加工情報取扱事業者は、他人が作成した匿名加工情報データベース等を構成する匿名加工情報を第三者に提供するときは、あらかじめ第三者に提供される匿名加工情報に含まれる個人に関する情報の項目と提供方法を公表するとともに、当該第三者に対して、当該提供情報が匿名加工情報である旨を明示しなければなりません（四四条）。

公表・明示を要するとした趣旨は、四三条四項の場合と同様です。施行規則は、公表・明示の方法も同項の場合と同様としています。

(3)　識別行為の禁止

匿名加工情報取扱事業者は、他人が作成した匿名加工情報を取り扱う際に、当該匿名加工情報の作成に用いられた個人情報に係る本人を識別するために、当該個人情報から削除された記述等・個人識別符号もしくは四三条一項による加工方法に関する情報を取得し、または当該匿名加工情報を他の情報と照合することが禁じられます（四五条）。再識別化を禁止する趣旨です。提供元となる作成者の「識別行為の禁止」に関する四三条五項に対応しています。

(4)　安全管理措置等の努力義務

匿名加工情報取扱事業者は、他人が作成した匿名加工情報の適正な取扱いの確保に必要な措置を自ら講じ、かつ、当該措置の内容を公表するよう努めなければなりません（四六条）。

本条は、「措置」について、匿名加工情報の安全管理措置、匿名加工情報の取扱いに関する苦情の処理を例示しています。匿名加工情報データベース等作成者の「作成した匿名加工情報の第三者提供」に関する四三条六項に対応する規定です。

5　仮名加工情報制度などとの違い

匿名加工情報制度は、主にデータベース化されるものが対象となる点、適正加工義務を負う点、漏えい等の報告等や開示等の請求等の対象とならない点では仮名加工情報制度と同様です。

しかし、加工方法として、仮名加工は単体識別性を失わせれば足りますが、匿名加工は照合による識別性も失わせる必要がある点で異なります（ただし、仮名加工情報にも照合による再識別禁止規定が置かれています）。作成の際に公表が必要（匿名加工情報）か、不要（仮名加工情報）かも異なります。作成された情報は、匿名加工情報は非個人情報となり、個人情報に関する義務の対象となりません。これに対し、仮名加工情報は、なおも一般に個人情報に該当し、個人情報に関する義務を負います（ただし、その性格に応じて一部適用除外・読み替えによる適用を規定しています）。

この違いを反映して、匿名加工情報では利用目的が制限されません。これに対し、仮名加工情報は利用目的の制限を受けますが、利用目的の事後的変更は無制限ですので（変更後の利用目的の公表が必要)、結果として、どちらも当初の利用目的に縛られずに自由利用できます。最後に、匿名加工情報は第三者提供が自由ですが、事業者内部での分析を目的とした仮名加工情報は第三者提供が原則的に認められません。

個人に関する情報のうち、特定の情報と特定の本人が、匿名加工情報制度や仮名加工情報制度は一対一の対応関係に立つものですが、この法律によって多少なりとも法的義務を負います。これに対し、一対多の関係に立つのが統計情報であり、この法律による義務の対象外です。

以上の基本的な違いを踏まえて、どの制度を利用すべきか判断することになります。

第10章　公的部門――行政機関等の義務等

1　行政機関等の義務等の概要

(1)　行個法・独個法の個人情報保護法への統合・一本化

二〇二一年改正によって、前述のとおり行個法・独個法が個人情報保護法に統合・一本化されました。その結果、行個法・独個法に代わって、公的部門である「行政機関等」を対象とする一般法として、この法律に第五章「行政機関等の義務等」（六〇条〜一二九条）が新設されました。ただし、国公立の病院・診療所や大学などは特例扱いされています（本章6節）。

公的部門といっても司法・立法は除かれていて、行政関係に限りつつ、中央省庁や地方公共団体の機関だけでなく、独立行政法人等や独立地方行政法人を含めて行政機関等として位置付けています。その意味については本書第2章2節で詳しく述べたとおりです。

本章の内容は基本的には従来の行個法・独個法を踏襲しつつ、第四章と同様の規定を一部導入しています。この内容を、新たに対象とした地方公共団体などにも基本ルールとして規定しています。行政機関等についても委員会が新たに監視機関となったことは大きな変化です。

(2)　この法律第五章の骨子

本章の骨子は次のとおりです。まず、全体に関する定義規定（二条）とは別に、本章の冒頭に置かれた第一節「総則」で、本章独自の概念についての定義規定（六〇条）を置いたうえ、①個人情報、②保有個人情報（以上は第二節）、③個人情報ファイル（第三節）に分けて義務を規定しています。これらを含めて本章には図表10-1の対象情報が登場し、各々に対応する義務は図表10-2となります。①は第二節のうち六一条から六四条までと六七条の対象情報です。

②は、第二節のうち六五条から七一条（六七条を除く）、そして第四節（七六条〜一〇八条）で本人による開示、訂正および利用停止の請求の対象情報とされています。他方、第二節には、個人関連情報に関する七二条、仮名加工情報に関する七三条も置かれています。

③は、第三節で、個人情報ファイルの保有などを委員会に事前通知し（七四条）、個人情報ファイル簿を作成して公表するとしています（七五条）。

図表10-1　義務の対象情報（行政機関等）

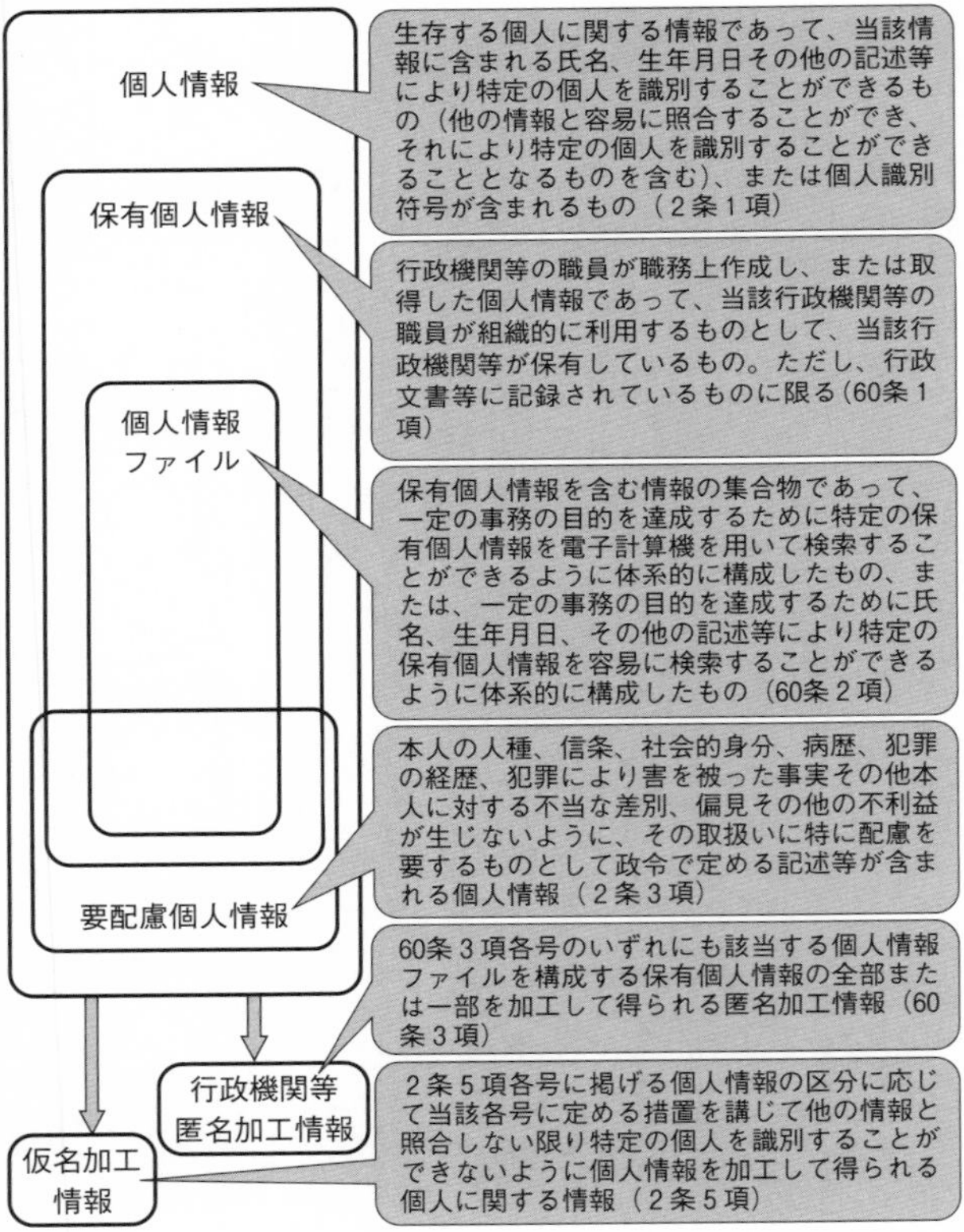
個人情報
保有個人情報
個人情報ファイル
要配慮個人情報
行政機関等匿名加工情報
仮名加工情報
生存する個人に関する情報であって、当該情報に含まれる氏名、生年月日その他の記述等により特定の個人を識別することができるもの（他の情報と容易に照合することができ、それにより特定の個人を識別することができることとなるものを含む）、または個人識別符号が含まれるもの（２条１項）
行政機関等の職員が職務上作成し、または取得した個人情報であって、当該行政機関等の職員が組織的に利用するものとして、当該行政機関等が保有しているもの。ただし、行政文書等に記録されているものに限る（60条１項）
保有個人情報を含む情報の集合物であって、一定の事務の目的を達成するために特定の保有個人情報を電子計算機を用いて検索することができるように体系的に構成したもの、または、一定の事務の目的を達成するために氏名、生年月日、その他の記述等により特定の保有個人情報を容易に検索することができるように体系的に構成したもの（60条２項）
本人の人種、信条、社会的身分、病歴、犯罪の経歴、犯罪により害を被った事実その他本人に対する不当な差別、偏見その他の不利益が生じないように、その取扱いに特に配慮を要するものとして政令で定める記述等が含まれる個人情報（２条３項）
60条３項各号のいずれにも該当する個人情報ファイルを構成する保有個人情報の全部または一部を加工して得られる匿名加工情報（60条３項）
２条５項各号に掲げる個人情報の区分に応じて当該各号に定める措置を講じて他の情報と照合しない限り特定の個人を識別することができないように個人情報を加工して得られる個人に関する情報（２条５項）

さらに第五節（一〇九条〜一二三条）は、行政機関等匿名加工情報の民間部門に対する提供等を規定しています。最後に第六節「雑則」（一二四条〜一二九条）が置かれています。

「行政機関の長等」の義務として定めている条項もあります。

図表10-2　義務の概要（行政機関等）

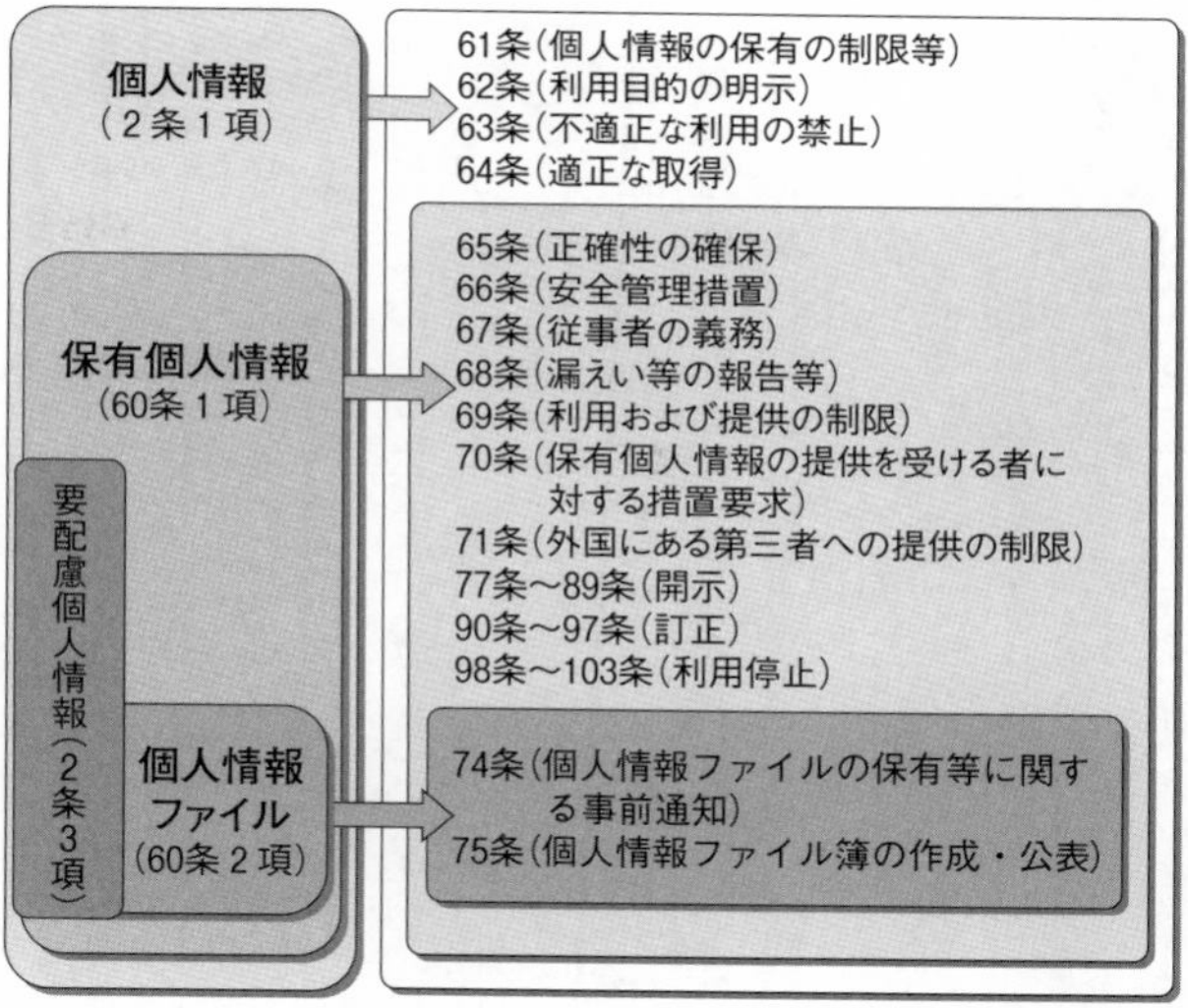

これは行政機関の長、地方公共団体の機関、独立行政法人等および地方独立行政法人を指しています（六三条）。

以下に述べる概要は、民間事業者や国民が公的部門を相手に対応するうえでも知っておくべき事柄です。

2　行政機関等における個人情報等の取扱い

(1)　個人情報に関する義務

個人情報の定義内容が、民間部門の場合と共通化されたことは第3章で説明しました。行政機関等は、個人情報の利用目的をできる限り特定しなければならず（六一条一項）、特定された利用目的の達成に必要な範囲でのみ個人情報を保有できます（同条二項）。この限度では個人情報取扱事業者に関する一七条一項・一八条と同様です。しかし、個人情報取扱事業者の場合と異なり、行政機関等に保有が認められるのは、法令・条例が定める所掌事務や業務の遂行に必要な場合に限られます（六一条一項）。これは法治行政の原理によるものです。

さらに、保有の際は変更前の利用目的と相当の関連性を有すると合理的に認められる範囲に限って利用目的を事後的に変更できるという点でも（六一条三項）、個人情報取扱事業者の場合（一七条二項）と同様です。しかし、民間部門の場合と異なり、行政機関等の場合には、変更できる範囲は、「相当の関連性」と厳しいことに加えて、法令・条例が定める所掌事務・業務の遂行に必要な場合に限られています（六一条三項）。やはり法治行政の原理によるものです。

六一条では「保有」という言葉が使われています。個人情報取扱事業者の場合の「取り扱う」（一七条・一八条参照）という言葉よりも単なる閲覧などを含まない点で狭い概念です。

本人から直接書面取得するときは利用目的を事前に明示すること、それには例外（図表10-3）が認められている限度では（六二条）、個人情報取扱事業者の場合とほぼ同様です。

しかし、個人情報取扱事業者の場合と違って、非直接書面取得の場合における利用目的の通知・公表（二一条一項参照）は必要とされていません。それはすべての個人情報の利用目的は、すでに設置法等で明らかにされており、行政機関では直接本人から個人情報を取得することが大

図表10-3　利用目的の明示が不要な場合（62条各号）

号	事　項
1	人の生命、身体または財産の保護のために緊急に必要があるとき
2	利用目的を本人に明示することにより、本人または第三者の生命、身体、財産その他の権利利益を害するおそれがあるとき
3	利用目的を本人に明示することにより、国の機関、独立行政法人等、地方公共団体または地方独立行政法人が行う事務または事業の適正な遂行に支障を及ぼすおそれがあるとき
4	取得の状況から見て利用目的が明らかなとき

半なので、一般に本人は利用目的を容易に知ることができるからです。

個人情報取扱事業者の場合と同様に、不適正な利用が禁止され（六三条）、適正な取得を要します（六四条）。しかし、個人情報取扱事業者の場合（二〇条二項）と違って、要配慮情報の取得に本人の事前同意は不要です。行政には、その取得・利用が適正かつ公正な行政執行に不可欠な場合があることが理由とされています。その代わり、後述する個人情報ファイルの保有等に関する事前通知事項に「要配慮個人情報」を含め、透明性を図ろうとしています（以上につき図表10-4参照）。

(2)　保有個人情報に関する義務

第二節のうち六五条から七一条まで（六七条を除く）は保有個人情報に関する義務規定です。保有個人情報とは、行政機関等の職員（独立行政法人等・地方独立行政法人ではその役員を含みます）が職務上作成・取得した個人情報であり、かつ、当

図表10-4　保有個人情報に関する義務の概要

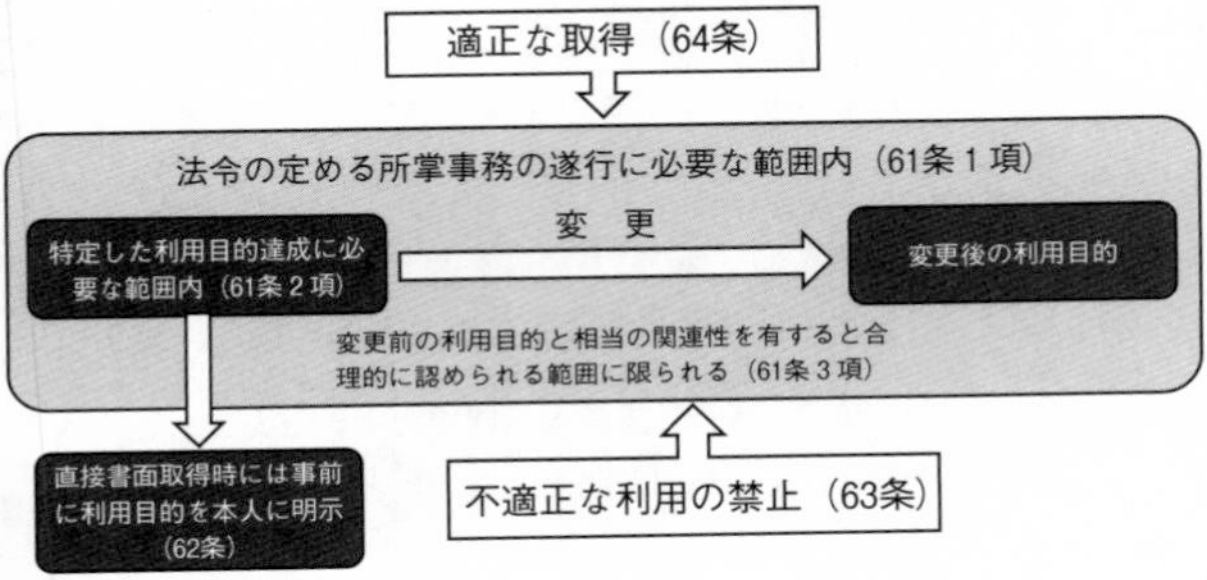

該行政機関等の職員が組織的に利用するものとして当該行政機関等が保有しているものですが、行政文書等（行政機関情報公開法の行政文書、独立行政法人等情報公開法の法人文書、または地方公共団体等行政文書）に記録されているものに限ります（六〇条一項）。この概念は、行個法・独個法の定義を基に、地方公共団体関係を新たに含ませたものです。

個人情報取扱事業者における個人データの場合とほぼ同様に、行政機関等の保有個人情報についても、行政機関の長等に対し、①正確性の確保（六五条）、②安全管理措置（六六条）、③漏えい等の報告等（六八条）の義務が課されています。

①は二二条前段と同趣旨の努力義務です。同条後段（不要データの消去）に対応する行政機関等を対象とする規定はありません。公文書の保存期間や期間終了後の廃棄などは、保有個人情報を含むかどうかを問わず、公文書管理法・公文書管理条例の対象となるからです。

②は行個法・独個法の「安全確保措置」という言葉を二三条と統一するため「安全管理措置」という用語に変更されました。従業者・委託先への監督義務については、民間の個人情報取扱事業者の場合と違って明文規定はありませんが、六六条の解釈から当然に導かれる義務と考えられています。さらに、個人情報取扱事業者の場合と異なり、従事者の守秘義務等（六七条）が加えられているのは行個法・独個法を踏襲したものです。

③は二〇二一年の改正で委員会への報告義務と本人への通知義務が新設されたことによって、個人情報取扱事業者の場合（二六条）とほぼ同様となりました。

さらに、④行政機関の長等には、法令に基づく場合を除き、利用目的外での保有個人情報の利用・提供が禁止されています（六九条一項）。言い換えれば、法令に基づく場合には利用・提供が可能です。個人情報取扱事業者に関する一八条・二七条と似ていますが、こちらは法治行政を趣旨としています。例外的に許される場合を六九条二項が定めています（図表10-5）。

保有個人情報を提供する場合に、必要があれば、提供先に対し、当該個人情報の利用目的・方法など必要な制限を付け、または安全管理措置を講じるよう求めるものとされています（七〇条）。これは民間部門の場合には規定がなく、契約自由の原則に委ねられています。外国にある第三者への保有個人情報の提供も、利用目的外なら二八条と同様の義務を負います（七一条）。

図表10-5　保有個人情報の利用・提供が法令以外に許容される場合（69条2項）

号	事　項
1	本人の同意があるとき、または本人に提供するとき
2	行政機関等が法令の定める所掌事務・業務の遂行に必要な限度で保有個人情報を内部利用する場合で、当該保有個人情報を利用することについて相当の理由があるとき
3	他の行政機関、独立行政法人等、地方公共団体の機関または地方独立行政法人に保有個人情報を提供する場合に、保有個人情報の提供を受ける者が、法令の定める事務または業務の遂行に必要な限度で提供に係る個人情報を利用し、かつ、当該個人情報を利用することについて相当の理由があるとき
4	前三号の場合のほか、もっぱら統計の作成または学術研究の目的のために保有個人情報を提供するとき、本人以外の者に提供することが明らかに本人の利益になるとき、その他保有個人情報を提供することについて特別の理由があるとき

(3)　第二節が定めるその他の義務

個人関連情報（二条七項）に関する義務も設けられました（七二条）。民間部門に関する三一条と違って確認義務は課されておらず、利用目的・方法の制限など必要な制限を付け、漏えい防止など適切な管理のために必要な措置を講じるよう求めるという内容のものです。

仮名加工情報に関する義務も新設されました（七三条）。民間部門の四二条とほぼ同内容です。

3　個人情報ファイル

行政機関等との関係では「個人情報ファイル」概念が登場します。個人情報取扱事業者における「個人情報データベース等」とほぼ同様の概念ですが、「一定の事務の目的を達成するため」のものに限定されています（六〇条二項）。

その一方、それに関する義務の内容は大きく異なっています。まず、行政機関の長等は、個人情報ファイルを保有しようとするときは、委員会に対し事前に所定の事項を通知する義務を負い、保有をやめたときも同様です（七四条一項・三項）。これは法運用の統一性・法適合性を確保するため、委員会に事前チェックを委ねようとする趣旨です。ただし、高度の秘密保持の要請などを理由に、きわめて広い範囲の個人情報ファイルが事前通知の適用対象外とされています（七四条二項）。

次に「個人情報ファイル簿」の作成・公表義務も負います（七五条一項）。これによって、行政機関等が保有する個人情報ファイルの存在・概要が国民に明らかとなり、後述の本人による開示等の請求も容易になります。ただし、広い範囲の個人情報ファイルが作成・公表の対象外とされています（七五条二項）。七五条一項による公表に係る個人情報ファイルに記録されている記録情報の全部または一部を記録した個人情報ファイルであって、その利用目的・記録項目・記録範囲が当該公表に係るこれらの事項の範囲内のもの、前号に掲げる個人情報ファイルに準ずるものとして政令で定める個人情報ファイルも同様です（七五条二項）。

要配慮個人情報を含むことは、事前通知事項（七四条一項六号）や個人情報ファイル簿の記載事項（七五条一項）となります。行政機関等の性格上、法令の範囲内で本人同意を取得せずに要配慮個人情報を取り扱わざるをえませんので、本人同意に代えて透明性を図る趣旨です。

4　開示、訂正および利用停止

第四節（七六条～一〇八条）は「開示、訂正及び利用停止」を定めており、これらの各請求は「開示請求等」と総称されています（一二七条一項カッコ書き）。対象情報は、行政機関等の保有する自己を本人とする保有個人情報です。

全五款構成であり、第一款（七六条～八九条）は「開示」、第二款（九〇条～九七条）は「訂正」、第三款（九八条～一〇三条）は「利用停止」、第四款（一〇四条～一〇七条）は「審査請求」、第五款（一〇八条）は「条例との関係」です。

開示請求等は、法文上すべて自分を本人とする保有個人情報に関し「何人も……行政機関の長等に対し……請求することができる」と規定して、各条項の表題とともに、本人が請求できる具体的権利であることを明らかにしています。自己情報コントロール権の仕組みを実質的に一部取り入れる趣旨の制度という点では、個人情報取扱事業者の場合と同様です。

すべて、①請求者は本人または代理人、②対象情報は自己を本人とする保有個人情報、③請求先は当該保有個人情報を保有する行政機関の長等、④請求方法は所定の事項を記載した書面（請求書）の提出（本人・代理人確認が必要）で補正制度があること、⑤請求を受けた行政機関の長は応否を所定の期限までに決定して書面通知することの各点で共通しています。訂正請求と利用停止請求は、それらに先行して開示を受けた場合に限られます（九〇条一項、九八条三項）。これを「開示前置主義」といい、この点で個人情報取扱事業者の場合と異なります。

不服申立てとして情報公開・個人情報保護審査会への審査請求制度が用意されています（一〇四条～一〇七条）。地方公共団体の機関または地方独立行政法人には特則を置くほか、第四節の規定に反しない限度で、その条例で必要な定めができます（一〇八条）。

5　行政機関等匿名加工情報の提供等

第五節「行政機関等匿名加工情報の提供等」（一〇九条～一二三条）は、行政機関等匿名加工情報（六〇条三項）の提供制度を定めています（図表10-6）。

この制度は、新産業の創出または活力ある経済社会もしくは豊かな国民生活の実現に資する事業に（一一四条一項四号参照）、行政機関等が保有する個人情報ファイルを匿名加工して提供するものです。行個法・独個法上の制度が、保護三法の一本化にともない統合・移植されました。

まず、行政機関の長等（地方公共団体等も対象）が、保有する個人情報ファイルに関し、行政機関等匿名加工情報を用いる事業に関する提案を、募集事項を個人情報ファイル簿へ記載して

図表10－6　行政機関等匿名加工情報制度

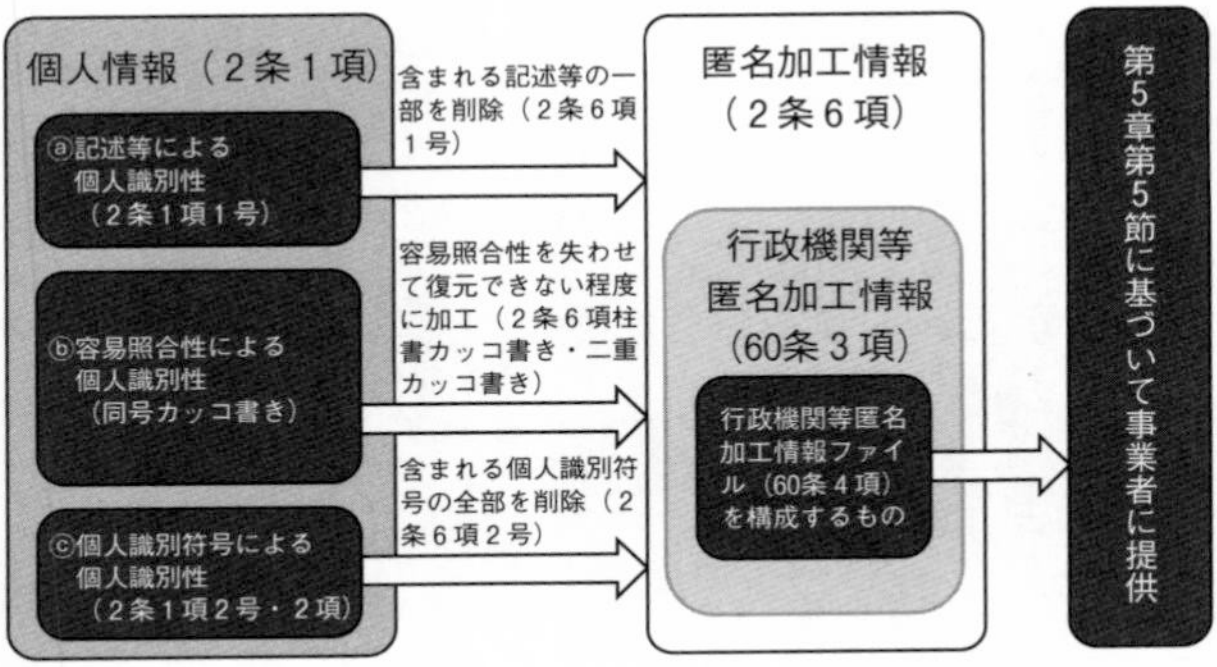

募集します（一一〇条・一一一条）。これに応じて提案があれば（一一二条）、審査して所定の基準に適合するときは（一一四条）、当該事業者と利用契約を締結して（一一五条）、行政機関等匿名加工情報を作成して当該事業者に提供します（一一六条）。作成した行政機関等匿名加工情報は個人情報ファイル簿に記載され（一一七条）、それを事業の用に供しようとする者も、行政機関の長等に提案などができます（一一八条）。提供を受けた者は、手数料を納付し（一一九条）、この法律と利用契約で定められた条件を遵守して使用できます。契約違反などの場合は契約解除できます（一二〇条）。

6　国公立の病院や大学などに関する特例

設置主体が官か民かで区別する理由に乏しいため、二〇二一年改正によって、公的部門でも国公立の病院や大学などは、原則として民間の場合と同等の規制となりました。

まず、国立大学法人と国立病院は「別表第二に掲げる法人」として「独立行政法人等」から除外されます（二条一一項三号カッコ書き）。本来は地方独立行政法人である公立大学と公立病院も、この法律では「地方独立行政法人」から除外されます（同項四号カッコ書き）。これらの除外は一六条二項三号・四号（個人情報取扱事業者からの除外）との関係でも同じと規定されています。そのため、これらすべてが個人情報取扱事業者として義務を負いますが、例外的に三二条から三九条まで」および第四節の規定は適用されず（五八条一項一号）、第五章第四節・第五節などについては独立行政法人等・地方独立行政法人とみなされ適用されます（一二五条二項）。

次に、地方公共団体が直営する公立大学や公立病院・診療所の業務上の個人情報の取扱いは、個人情報取扱事業者による取扱いとみなされますので（五八条二項）、第四章の各規定が原則として適用されるのに対し、第五章の各規定は原則として適用されませんが、第五章のうち第四節・第五節などの規定は適用されます（一二五条一項）。

以上のとおり、国公立大学法人と国公立病院は、原則として個人情報取扱事業者として扱われますが、第五章のうち第四節・第五節などとの関係では行政機関等と同様に扱われます。詳しくは第4章2節(1)で解説しました。

第11章　グローバル化に対応するための規定

1　グローバル化への対応の必要性

グローバル化とＩＣＴの急速な普及による個人情報の越境流通（越境データ移転）の容易化への対応の必要性も、以前から個人情報保護に関する重要な課題でした。そのため、これまでの改正でグローバル化に対応するために規定が整備されてきました。

第一に、「政府は……国際機関その他の国際的な枠組みへの協力を通じて、各国政府と共同して国際的に整合のとれた個人情報に係る制度を構築するために必要な措置を講ずるものとする」ことが明記されています（六条）。この点は第2章2節(2)で解説しました。

第二に、二八条・七一条（外国にある第三者への提供の制限）を設けたことも説明しました。

それ以外にも、グローバル化に対応するための規定が、次のとおり新設されています。

2　域外適用

この法律は、個人情報取扱事業者等が、国内にある者に対する物品またはサービス提供に関連して、国内にある者を本人とする個人情報、当該個人情報として取得されることとなる個人関連情報または当該個人情報を用いて作成された仮名加工情報もしくは匿名加工情報を、外国で取り扱う場合にも適用されます（一七一条）。

一般に、この法律のような行政法と呼ばれる性格の法令は、国内に限って適用されることが原則です。しかし、国内に影響を及ぼす一定の場合には、国外の事業者の行為でも例外的に国内法を適用する制度が設けられることがあります。これを「域外適用」と呼んでいます。

この法律も、制定時には国内における個人情報の取扱いに限って適用されるものでした。しかし、グローバル化に対応するため、二〇一五年の改正で一定の義務に限定して域外適用規定が新設され、さらに二〇二〇年の改正で適用が拡大されました。これによって、この改正前には認められていなかった報告徴収や命令が、新たに対象となりました。

しかし、外国の主権との関係で、日本の委員会が当該外国で立入検査などを執行することには困難がともないます。そこで、当該事業者が命令に違反した場合には、その事実を委員会が公表できるようあわせて規定を新設することによって（一四八条四項）、実効性を確保しようとしています。また、次に述べる一七二条に基づき外国執行当局との執行協力が機能することが期待されています。

他方で、二〇二〇年の改正で「国際約束の誠実な履行等」（一七三条）も新設されました。この法律の施行にあたっては、わが国が締結した条約その他の国際約束の誠実な履行を妨げることがないよう留意するとともに、確立された国際法規を遵守しなければならないと定めています。これは一七一条によって外国の主権との摩擦が起こらないようにするという、わが国の基本姿勢を示したものとして説明されています。

3　外国執行当局への情報提供

さらに、「外国執行当局への情報提供」（一七二条）の規定も置かれています。同条一項は、委員会は、この法律に相当する外国の法令を執行する外国の当局（外国執行当局）に対し、その職務のうち、この法律に規定する委員会の職務に相当するものに限るものの遂行に資すると認める情報の提供を行うことができることを定めています。

この情報提供は、当該情報が当該外国執行当局の職務の遂行以外に使用されず、かつ、後述の同意がなければ外国の刑事事件の捜査や審判に使われないよう適切な措置がとられなければなりません（同条二項）。

委員会は、外国執行当局からの要請があれば、提供した情報を当該要請に係る外国の刑事事件の捜査等への使用に同意することができますが、その例外として、①当該要請に係る刑事事件の捜査等の対象とされている犯罪が政治犯罪のとき、または当該要請が政治犯罪の捜査等を行う目的で行われたものであるとき、②当該要請に係る刑事事件の捜査等の対象とされている犯罪に係る行為が日本国内で行われたとした場合において、その行為が日本国の法令によれば罪にあたるものでないとき、③日本国が行う同種の要請に応ずる旨の要請国の保証がないときの、いずれかに該当する場合は、この限りではありません（同条三項）。

委員会は、この同意をする場合、事前に、①か②に該当しないことにつき法務大臣の確認を、③に該当しないことにつき外務大臣の確認を受けなければなりません（同条四項）。

4　その他の規定

他にも、この法律違反の行為について、国外犯処罰の範囲が拡大されました（一八三条）。

委員会という独立第三者機関が創設され、さらに二〇二一年改正で全体の所管が委員会に一元化されたことは、前述した改正OECDプライバシーガイドラインに対応し、関連する国際会議に日本版プライバシーコミッショナーとして出席するために重要な意義を有しています。これによって、外国の政府や巨大なネット企業と個人情報保護について折衝するための窓口を一元化することも可能になりました。

第12章　企業の対応とコンプライアンス

1　この法律に対応するためには

本書では、個人情報保護法が課している義務の内容を概観してきました。これらの義務に対応し、また、プライバシーを侵害したという不祥事を起こさないために、事業者は具体的にどのような措置をとるべきなのでしょうか。

この法律が制定・改正される前から、個人情報保護について多くの事業者は自主的な取組みとして社内体制を整備してきました。それによって、顧客からの信頼を勝ち取り、競争力を強化することもできます。こうした点を考慮して、政府の基本方針は、事業者の保有する個人情報等について、その性質や利用方法等の実態に応じた適正な取扱いの実効性を確保するためには、この法律の定めるルールが各分野に共通する必要最小限のものであることを踏まえ、事業者の自主的な取組みが進められることが、なおいっそう期待されるとしています。

2 プライバシーポリシー

政府の基本方針は、事業者が個人情報保護を推進するうえでの考え方や方針を対外的に明確化することを求めています。これは単に個人情報保護の推進に関する経営の「対内的な方針」を立てるだけではなく、それをベースに利害関係者に向けた「対外的な宣言文」としてプライバシーポリシーの策定・公表を求める趣旨です。対外的な顧客情報の保護と、対内的な雇用管理情報の保護とは、性格も違えば適用される指針も異なります。マイナンバーが含まれる場合には取扱いも異なりますので、それぞれ別の宣言文とする事業者も少なくありません。

3 事業者に公表などが義務付けられている事項

(1) 公表などの対象

個人情報保護法では、事業者が本人に通知・公表、または本人の（容易に）知り得る状態に置かなければならない事項が定められており、整理すると図表12－1のとおりとなります。特定個人情報も、個人情報であることに変わりはありませんので、これらの措置をとる必要があります。ただし、通知・公表の一方のみに限る条項もあります。また、特定個人情報についてはマイナンバー法による必要がありますので、その違いも踏まえなければなりません。

それぞれの事項は、明示が要求されている場合を除き、事業者のウェブページに掲載する方法を用いることができます。ほとんどの場合には、本人に対する通知によって代替することもできます。しかし、事前にウェブページに掲載しておく方法は、通知とくらべて漏れがないので安心であり、しかも安価で迅速に対応ができるなどの点で優れています。プライバシーポリシーの一部として、またはそれと並べて掲載することになります。

(2) 委員会への届出等と記録の作成・保存の対象

委員会への届出が事業者に義務付けられている事項もあります。図表12－1のうち、オプトアウト方式で第三者提供する場合における通知などの事項（二七条二項）、および、同項各号に掲げる事項（二号・六号を除く）を変更、またはオプトアウト提供をやめた場合における通知などの事項（同条三項）です。これらの届出事項を委員会は公表します（同条四項）。

委員会への報告が事業者に義務付けられているのは、個人データの漏えい等の事案が発生した

図表12-1　事業者の通知・公表事項

条項	内　容	通知・公表などを要する事項
21条	取得する個人情報の利用目的	利用目的を通知または公表するが、本人からの直接書面取得の場合は本人に利用目的を事前に明示し、利用目的を変更した場合は変更後の利用目的を本人に通知または公表（仮名加工情報にも該当する場合に41条4項は「公表」に限定）
27条2項	オプトアウト方式で第三者提供する場合	次の事項を、あらかじめ、本人に通知または本人が容易に知り得る状態に置く ①第三者提供を行う個人情報取扱事業者の氏名・名称および住所ならびに法人の場合は代表者（法人でない団体で代表者・管理人の定めがあれば、その代表者・管理人）の氏名 ②第三者提供を利用目的とすること ③第三者提供される個人データの項目 ④第三者提供される個人データの取得方法 ⑤第三者への提供方法 ⑥本人の求めに応じて第三者への提供を停止すること ⑦本人の求めを受け付ける方法 ⑧その他委員会規則で定める事項（施行規則－ⓐ第三者に提供される個人データの更新方法、および、ⓑ当該届出に係る個人データの第三者への提供開始予定日）
施行規則	同　上	あらかじめ個人情報保護委員会に届け出た事項を公表
27条3項	27条2項各号（2号・6号を除く）の事項を変更、またはオプトアウト提供をやめた場合	変更する内容を、本人に通知または本人が容易に知り得る状態に置く
同条5項3号	共同利用	次の事項を、あらかじめ、本人に通知または本人が容易に知り得る状態に置く（仮名加工情報にも該当する場合に41条6項は「公表」に限定） ①特定の者との間で共同利用すること ②共同利用される個人データの項目 ③共同利用者の範囲 ④共同利用する者の利用目的 ⑤共同利用する者のうち、個人データの管理責任者の氏名・名称、住所、法人代表者など
同条6項	共同利用する者の利用目的または個人データの管理責任者の氏名・名称などを変更する場合	変更する内容を、本人に通知または本人が容易に知り得る状態に置く（仮名加工情報にも該当する場合に41条6項は「公表」に限定）
32条1項	保有個人データに関し本人の知り得る状態に置かなければならない事項	次に掲げる事項について、本人の知り得る状態（本人の求めに応じて遅滞なく回答する場合を含む）に置く ①当該個人情報取扱事業者の氏名・名称、住所など ②すべての保有個人データの利用目的 ③開示等の請求等に応じる手続（定めた手数料額） ④保有個人データの適正な取扱いの確保に関し必要な事項として政令で定めるもの

32条・33条・34条の各3項、35条7項	開示等の請求等を受けた場合	請求等に応じない決定をしたときなどは、本人に、遅滞なくその旨などを通知（請求等どおりに応じないときはその理由を説明するよう努める－36条）
41条6項・42条2項	仮名加工情報を共同利用するとき	個人データを共同利用するとき（変更を含む）と同様の項目を公表
43条3項	匿名加工情報を作成したとき	当該匿名加工情報に含まれる個人に関する情報の項目を公表
同条4項	匿名加工情報を作成して当該匿名加工情報を第三者に提供するとき	あらかじめ、第三者に提供される匿名加工情報に含まれる個人に関する情報の項目およびその提供の方法について公表するとともに、当該第三者に対して、当該提供に係る情報が匿名加工情報である旨を明示
同条6項	匿名加工情報を作成したとき	当該匿名加工情報の適正な取扱いを確保するために必要な措置として自ら講じた当該措置の内容を公表（努力義務）
44条	他人が作成した匿名加工情報を第三者に提供するとき	あらかじめ、第三者に提供される匿名加工情報に含まれる個人に関する情報の項目およびその提供の方法について公表するとともに、当該第三者に対して、当該提供に係る情報が匿名加工情報である旨を明示
46条	他人が作成した匿名加工情報を取り扱う場合	当該匿名加工情報の適正な取扱いを確保するために必要な措置として自ら講じた当該措置の内容を公表（努力義務）

場合（二六条一項）と、委員会から報告徴収を受けた場合（一四六条）です。前者の場合には、あわせて被害者本人への通知義務も負います（二六条二項）。

個人データの提供元・提供先の事業者は、第三者提供記録の作成・保存義務（二九条・三〇条）を負い（第6章7節(8)(9)）、それは本人開示請求の対象です（三三条五項）。個人関連情報を第三者提供する事業者も記録の作成・保存義務（三一条第三項）を負います。

(3)　本人同意取得の対象

個人情報取扱事業者等が、本人の事前同意を取得する義務がある場合もあります（図表12－2）。

図表12-2　本人の同意取得

条項	内　容	同意取得事項	同意取得時期
18条1項	利用目的による制限	この法律が定めた除外事由に該当する場合以外に、目的外利用するとき	目的外利用開始前
同条2項	事業承継にともない個人情報を取得した場合	この法律が定めた除外事由に該当する場合以外に、承継前の利用目的達成に必要な範囲を超えて、当該個人情報を取り扱うとき	
20条2項	要配慮個人情報の取得	あらかじめ本人の同意を得ないで、要配慮個人情報を取得できない	取得前
27条1項	国内にある第三者への提供	あらかじめ第三者への提供を認める旨の本人の同意を得なければならない	提供前
28条1項・2項	外国にある第三者への提供	あらかじめ外国（認定国を除く）にある第三者（基準適合体制整備者を除く）への提供を認める旨の本人の同意を、参考情報を本人に提供して取得する	

4　体制の整備と内部統制

政府の基本方針は「体制の整備」に積極的に取り組むことを求めています。そのため内部規程で保護体制を定めておきます。

個人情報保護の責任者として個人情報保護管理者を置く企業が増えています。欧米でＣＰＯ（チーフ・プライバシー・オフィサー）と呼ばれる役職に対応しています。

これまでも、大規模な事業者では、コンプライアンスの責任者として担当役員を設置しているケースが少なくありませんでした。この法律との関係では、こうした担当役員に、個人情報保護管理者を兼務させるケースが多いようです。遵守すべき法令にこの法律も含まれることは当然であり、権限関係の複雑化を避ける必要もあるからです。役員であれば、必要な経営資源も動かせます。

かといって、担当役員が責任者として一人でできることは限られています。そこで、責任者の下にスタッフを配属して、担当部署を設置していることが通常です。すでにコンプライアンス担当部署を設置している事業者では、同様の趣旨から、この部署に個人情報保護の管理についても担当させることが一般的です。複数の支店・営業所がある場合、目が行き届かないことにならないよう、そうした支店などにも別に個人情報保護担当者を設置することがあります。

なお、後に述べるように、個人情報保護のためにマネジメントシステムを導入している事業者では、別途、内部監査責任者を置いて運用状況をチェックさせます。

会社法は、法令等遵守体制、リスク（損失危険）管理体制などに関する内部統制システムの基本方針の決定を取締役の専決事項としています。特に大会社や委員会設置会社では、その決定は法的義務です。これに基づいて、各社は体制の整備を進めています。

その一方で、取締役は、会社の経営を株主から委ねられた管理者として注意義務を負っています。これを「善管注意義務」と呼んでいます。そのため、適正な整備を怠った取締役は、この義務を果たしていないものとして損害賠償義務の対象となります。この責任を株主代表訴訟で追及されることもあり、その義務は重いといわざるをえません。

この法律も、法令等遵守体制の対象となる「法令」に含まれます。また、漏えいなどのリスクも、リスク管理体制の対象となる「リスク」に含まれます。とはいえ、通常の会社であれば、他のさまざまな「法令」や「リスク」を含め、それぞれの体制に関する内部統制システムの基本方針として、担当役員の設置や基本規程の制定などを包括的に定めておけば足ります。

しかし、たとえば個人向けネット通販の専業会社であるような場合には、基本的な管理体制ができていないことが原因で大量漏えい事故でも起これば、たちまち倒産してもおかしくない状況に追い込まれるおそれがあります。そのため、このような会社では、個人情報保護を重視した法令等遵守体制を整備しなければならないものと考えるほかありません。このように考えると、業種や規模に応じて、個人情報保護は重要な内部統制の対象となりうるというべきです。

それ以外の会社でも、自社にとって重要な個々の「法令」や「リスク」について、進んで内部統制システムの基本方針を決定することは、禁じられていないどころか望ましいことなのです。

5　マネジメントシステムの導入

この法律の成立前から、プライバシーマークを取得して、個人情報保護に自主的に取り組んできた事業者もいました。現在では、この法律を補完するものとして位置付けられています。こうした経緯を踏まえて、個人情報取扱事業者は、その事業規模および活動に応じて、個人情報の保護のためのマネジメントシステムを策定、実施、維持して改善を行うとしているものが少なくありません。「個人情報保護マネジメントシステム」（ＰＭＳ）と呼ばれています。

マネジメントシステムとは、保護のレベルを継続的に向上させていく仕組みです。定めたポリシーのもとで、計画を立案・策定し（Plan）、それを実施・維持して（Do）、計画どおり実施されているかを点検し（Check）、点検した結果を踏まえて不備な点が判明すれば改善していく（Action）、という一連の流れを繰り返し実施するものです。以上の頭文字から「ＰＤＣＡサイクル」と呼ばれています。この法律に対応する場合にも、顕在化した個別の問題に対して対症療法的に処理するだけでは、必ずどこかに〝穴〟が残ります。したがって、マネジメントシステムという体系的な仕組みを導入して総合的に取り組むことが適切です。

最近ではプライバシーマークやＩＳＭＳの認証を取得していることを取引条件として委託先に求める企業も増えており、その意味でも認証取得は重要な意味があります。この認証取得は強制ではありませんが、マネジメントシステムの導入は有用ですので、その場合に事業者がとるべき具体的な措置を、以下、この法律との関係に限定して説明します。

① まず、自社の現状を把握するために個人情報の取扱状況を洗い出して特定し、その結果を台帳化します（棚卸し）。台帳化は開示等の請求等に対する事前準備にもなります。

② 次に、洗い出した内容を関係法令などの要求事項と対比します。これによって、現状の取扱方法が法令に適合しているかどうか、リスク対応を含めて検討します。

③　法令に適合した取扱方法を決定し、内部規程に落とし込んでルール化します。
④　社内での啓発活動などにより、ルール化した適正な取扱方法の定着を図ります。
⑤　内部監査などにより適正な取扱方法の実施状況を点検して（厳格な保護を要する場合など外部監査を入れるケースもあります）、内部規程や運用の見直しなどの改善を適宜図ります。

6　洗い出しとルール化

(1)　取扱状況の洗い出しと個人情報のライフサイクル

前述の①から③までの作業を、個人向け通信販売事業を例にとって説明します。本書の性格上、きわめて簡単な説明にならざるをえません。実際の事業活動では、もっと複雑となることをあらかじめお断りしておきます。ルール化といっても、この法律によって法令等遵守義務を負うのは事業者それ自体です。他方で、主として実際に個人情報を取り扱うのは従業者です。ルールを遵守すべき主体として、この二面性があるという特殊性が存在しています。

まず、最初の一歩は、自社における個人情報の取扱状況を洗い出して特定する作業です。社内のどの部署で、どんな個人情報を、どのように扱っているのか、把握できていないのでは対策を立てられないからです。一度に網羅できなければ重要情報の洗い出しから始めましょう。

洗い出しの際、取得から消去に至る「個人情報のライフサイクル」に即して流れ図を作っておくことも有用です。各段階で負うべき義務とともに、想定されるリスク項目も、適正な安全管理措置を講じる前提として、あわせて洗い出しておきます（リスクアセスメント）。

といっても、企業活動は生き物です。取り扱う個人情報は、毎日のように変化しています。将来的にも新たな事業部門の立ち上げや廃止によって新たな取扱状況が生じますので、洗い出しの手順を、いわゆる「5W1H」の視点からルール化しておくことも大切です。

企業活動で取り扱う個人情報は、顧客情報と従業員情報とに大別することができますので、これらの区分に従って整理しておくといいでしょう。

個人情報への該当性を示す個人識別符号を含むか、特別な対処が必要なマイナンバーや要配慮情報を含むかという点も洗い出して、ルール化するためのポイントとします。

(2) 取得段階

「個人情報のライフサイクル」の先頭に位置するのは、個人情報の「取得」です。個人である顧客から受注する際には、個人情報を取得することになります。こうして洗い出された個人情報を取得する際にあらかじめ利用目的を明確に特定できていない場合には、特定が必要です（一七条一項）。マイナンバーを含んだ特定個人情報であれば、法定された範囲内でのみ利用目的を特定できるなど、他の法令との関係で制約がありうることは前述しました。

いったん特定した利用目的を一七条二項によって事後的に変更することは、実際上困難です。「変更前の利用目的と関連性を有すると合理的に認められる範囲」に含まれるかどうか、判然としない場合が多いからです。したがって、事後的な利用目的の変更に頼るよりも、利用目的として欠けている点がないか、事前に事業者の内部で十分な吟味を要します。

そのためには、「ライフサイクル」の中で実際にどのように利用されているのかを洗い出して分析する一方、社内の他部門と事前に協議すべき場合も少なくないはずです。たとえば、受注した顧客に対してDMを郵送するのであれば、それについても特定する必要があります。

顧客から個人情報を取得するチャンネルにはさまざまな種類があるはずです。電話、郵便、FAX、電子メールなどです。取得経路を洗い出すことにより、適正な取得（二〇条）となっているかどうかをチェックすることが容易になります。内部管理情報の場合も同様です。

取得のチャンネルごとに、本人に事前に利用目的の明示を要する書面直接取得か（二一条二項）、それ以外の通知・公表で足りる場合なのか（同条一項）を分けるなどしてルール化します。後者に属する電話での取得に備えて、事前にウェブページなどで利用目的が公表できているか、ルール化することが求められます。

前者に属する郵便やFAXでの取得では、カタログや注文用紙などに「あらかじめお読みください」として利用目的を記載することにより、「あらかじめ利用目的を明示」します。後のため、カタログや注文用紙を証拠として内部に保管しておく必要もあります。

ウェブサイトで画面に注文内容を打ち込んで送信ボタンを押して発注してもらうような場合にも、「あらかじめ利用目的を明示」することが必要です。「あらかじめお読みください」として、その画面またはリンク先画面に利用目的を記載すべきです。この場合も、当該画面データを残しておく必要があります。そのため、文書管理体制を社内でルール化して、文書管理規程に組み込むことが求められます。さらにこの場合、送信中に傍受される危険があります。安全管理措置（二三条）として暗号通信が利用できる仕組みの導入が普及しています。

第三者提供を受けて個人データを取得する場合は、確認等の義務があります（三〇条）。

このように、一つの場面であっても、関係法令などの要求事項は単一とは限りません。取得する情報が要配慮個人情報であるときは、原則として本人の事前同意を得る必要があります（二〇条二項）。個人関連情報の第三者提供を受ける際には、本人同意を取得しているか、提供元からの確認に応じる必要があります（三一条）。マイナンバーを含んだ特定個人情報であれば、法定された場合に限って取得することができます。この点も取扱状況を洗い出す際に注意を要するところです。

(3) 利用段階と保管段階

取得した個人情報は、利用目的の範囲内でのみ利用することができます（一八条）。そのため、特定した利用目的は、記録として残しておかなければなりません。取り扱うことができる範囲を確定するために、事業者の内部で必要に応じて参照できる体制を整備すべきです。

取得された顧客の個人情報はデータベース化され、社内のサーバに蓄えられることが通常です。この段階で個人情報データベース等に組み込まれ、「個人データ」となります。さらに、消去するまでは「保有個人データ」として扱われますので、三二条一項に基づき利用目的などをウェブサイトに掲載する一方、開示等の請求等にも応じる準備が必要です。

そのため、どのようなデータが、どこに保存されているのか、事前のチェックが求められます。その他、どのような受付方法を選択するか、本人確認方法をどうするかなど、受付体制の整備も必要です。苦情処理窓口の整備とともに検討を要します。内容を確定して、ウェブページで公表する準備をします。開示等の請求等の申請書式や回答書式も用意します。

社内のサーバに蓄えられたデータのメンテナンスを、外部にアウトソーシングするケースも想定されます。その場合は「委託」に該当します。通常の第三者提供に要する本人の事前同意については、委託の場合には不要である半面（二七条五項一号）、委託元である事業者は委託先に対する監督義務を負います（二五条）。信頼できる委託先を選定しているか、委託契約の条項は適切か、契約が遵守されているかの点検方法などを、ルール化することが求められます。あわせて、必要に応じて適正な条項を盛り込んだ「契約ひな型」を作っておきます。マイナンバーを含んだ特定個人情報であるときは、再委託するためには当初の委託元の同意が必要です。

(4) 提供段階

第三者提供を行う必要がある場合には、二七条に対応する必要があります。いろいろな対応方法があります。画面クリックや利用規約で本人の事前同意を得る方法（同条一項）、オプトアウト（同条二項）や共同利用（同条五項三号）、さらには匿名加工情報化などの方法もあります。第三者提供する必要が乏しければ、第三者提供をやめるという選択肢もあります。その中から最も適切な方法を選択してルール化します。すでに解説したとおり、その方法ごとに、公表、委員会への届出、記録作成・保存の要否が異なることがあり、さらに外国にある第三者へ提供するときは、二七条ではなく二八条に基づき異なる義務を負います。

これらの点も定期的、また必要に応じて、適正に対応できているか、見直しが必要です。

純然たる内部規程よりも、やさしい内容の「手引き書」とすることが適切な事項もありますが、その場合には違反行為が懲戒処分の対象になりませんので、適宜、使い分けしましょう。

マイナンバーを含んだ特定個人情報の提供は、マイナンバー法一九条によって法定された場合に限って提供が可能です。

「ライフサイクル」に話を戻しますと、そのデータに基づき、在庫をピックアップして商品を組み合わせ、梱包して発送作業に回します。その一方で、データは代金回収にも使われます。クレーム対応やＤＭの郵送などに利用されるケースもあります。

こうしたケースをすべて洗い出すことによって、利用目的を特定して通知・公表します。

(5) 消去段階

「ライフサイクル」の最後として、保管してきた個人情報の消去が位置付けられます。安全管理措置（二三条）の観点から、無駄な個人データを保有し続けることにはリスクと管理費用がともないますので、利用目的と法定保存期間などに照らして消去時期が適法・適切か、消去方法は安全かなどを検討してルール化します。個人データが不要となったときは消去すべき努力義務を負い（二二条）、それがマイナンバーを含んだ特定個人情報であるときは、少なくともマイナンバー部分を、復元不能な形で消去しなければ違法となります。

復元不能な消去方法として、紙媒体は少量ならシュレッダーや焼却、大量なら溶解処理が、電子媒体は物理的・磁気的破壊が安心ですが、紛失と区分を明確化するため消去記録が有用です。

以上に述べたルール化は、純然たる内部規程だけでなく、やさしい内容の「手引き書」を作って記載しておくことが適切な事項もありますので、適宜、使い分けしましょう。

7　実行、点検と改善

　このようにして立案した計画を実行に移します。その際、社内での教育・啓発活動により、作成したルールに基づく適正な取扱方法の定着を図ります。この法律に基づいて義務を負うのは事業者ですが、実際に個人情報を取り扱うのは従業者だからです。そのため、このルールには、事業者自体が守るべき義務と、従業者が守るべき義務との両面性があることは前述しました。

　最後に、内部監査などにより適正な取扱方法の実施状況を、定期的に、また法改正などのため必要があるときにも適正な点検をして、内部規程など管理体制の見直しを適宜図ります。委託契約で定めた安全管理措置の遵守状況など、委託先を監督するための点検も必要です。

　点検作業を担当する内部監査部門は、十分なチェック機能を働かせるために、個人情報保護管理者からの独立性が保たれていなければなりません。監査規程を定めて必要な事項を取り決めておき、監査計画を立てて点検作業を実施します。外部監査を依頼する企業もあります。

　点検結果の報告を受けた役員は、それを精査して必要な見直しを行い改善を図ります。

　以上のサイクルを繰り返すことによって、保護水準の継続的な改善・向上が図られます。

エピローグ　個人情報保護の行方

本書では、この法律が事業者などに課している義務の概要と、それに対応するために、事業者がとるべき具体的な措置について説明してきました。

この法律が制定されてから二〇年近い歳月が経過した現在、街角や電車内でスマホを操作する人の姿がすっかり見慣れた光景となりました。これによって気が遠くなるほどの情報量が、ＩＣＴを介してやりとりされています。企業としても、デジタル技術による業務やビジネスの変容が進み、ＤＸ（デジタルトランスフォーメーション）という言葉も耳慣れたものとなっています。

それだけに、個人としても、やりとりをする自分の情報がどのように取り扱われ、適切に守られているのか、社会全体の重大な関心事となっています。それに応じて、個々の企業としても、適正な保護を図ることが、自社の企業活動への信頼を得るための生命線となっています。

社会の信頼と共感を得るために、この法律が制定・改正された精神を正しく把握して、具体的な行動のあり方を自主的に考えていくことがますます企業に求められています。

わが国の個人情報保護法は、本書で概観したように大幅な変容を遂げてきました。その背景となったＩＣＴの飛躍的な発達という潮流は、今後もいっそう加速するものと思われます。こうしたなかで抜本的に改正された個人情報保護法の要求事項に対応できているか、個人という立場からしても、身を守るために何が必要とされ、どのような手段があるのか、いま一度、自己点検することが、もはや避けては通れない時代となっているのです。

岡村久道（おかむら・ひさみち）
弁護士（大阪弁護士会所属）
1958年生まれ。京都大学法学部卒業。博士（情報学）。専門は情報法、知的財産法。内閣官房、内閣府、内閣サイバーセキュリティセンター、総務省、経済産業省、厚生労働省、文部科学省、消費者庁などの委員を歴任。著書に『個人情報保護法〔第３版〕』（商事法務）、『番号利用法』（商事法務）、『情報セキュリティの法律〔改訂版〕』（商事法務）、『著作権法〔第５版〕』（民事法研究会）、『会社の内部統制』（日本経済新聞出版社）など多数。

日経文庫1425
個人情報保護法の知識
2005年２月15日　1版1刷
2021年７月15日　5版1刷
2024年９月６日　5刷

著　者　岡村久道
発行者　中川ヒロミ
発行所　株式会社日経ＢＰ
日本経済新聞出版
発　売　株式会社日経ＢＰマーケティング
〒105-8308　東京都港区虎ノ門4-3-12

印　刷　東光整版印刷
製　本　積信堂
© Hisamichi Okamura, 2021
ISBN 978-4-532-11425-1
Printed in Japan

本書の無断複写・複製（コピー等）は著作権法上の例外を除き、禁じられています。

購入者以外の第三者による電子データ化および電子書籍化は、私的使用を含め一切認められておりません。

本書籍に関するお問い合わせ、ご連絡は下記にて承ります。

https://nkbp.jp/booksQA